Vincent Duclert

L'AFFAIRE DREYFUS

Éditions La Découverte
9 *bis*, rue Abel-Hovelacque
75013 Paris
1994

Si vous désirez être tenu régulièrement informé de nos parutions, il vous suffit d'envoyer vos nom et adresse aux Éditions La Découverte, 9 *bis*, rue Abel-Hovelacque, 75013 Paris. Vous recevrez gratuitement notre bulletin trimestriel **A la Découverte**.

« Le malentendu date, je pense, de l'affaire Dreyfus
[...]. Combien de fois, voyant mes camarades boire
comme petit-lait, aux sources de haine et de bêtise
que continuaient à dispenser, durant la guerre même,
de sordides hebdomadaires, ne me suis-je pas dit :
"Quel dommage que de si braves gens soient si mal
renseignés ! Quelle honte surtout que personne,
jamais, n'ait véritablement cherché à les éclairer." »

Marc BLOCH, *L'Étrange Défaite* (1940)
[34, p. 201-202]*

En 1898 éclate en France une crise générale qui ne s'achève
qu'en 1900. Elle a commencé le 22 décembre 1894 lorsque
le premier Conseil de guerre de Paris a reconnu un capitaine
d'artillerie coupable d'« intelligences avec une puissance
étrangère ». L'affaire Dreyfus, du nom de ce brillant officier juif condamné, dégradé et déporté, innocent de la trahison dont on l'a accusé, occupe une place capitale dans
l'histoire de la France contemporaine. La société démocratique et l'État républicain se sont forgés dans cet affrontement essentiel qui a mis l'égalité au centre de la cité.
L'Affaire, telle que les contemporains l'ont nommée aussitôt, a doté la République d'une citoyenneté qui ne cesse
d'être actuelle malgré sa fragilité. En 1933, le philosophe
Léon Brunschwicg confiait : « Les hommes de ma génération
ont connu deux victoires : l'affaire Dreyfus et 1918. Et voici
que les deux batailles gagnées sont de nouveau sur le point

---

* Les références entre crochets renvoient à la bibliographie en fin
d'ouvrage.

d'être perdues. » Il parlait à un autre philosophe, Emmanuel Levinas, juif lituanien devenu l'un des grands penseurs français [133, p. 18]. Cette présence de l'affaire Dreyfus dans la mémoire individuelle témoigne de ce qu'elle a été, au plus profond, la rencontre du droit, de la pensée et de la société. L'Affaire, qui a montré la vigilance politique des hommes non politiques, a révélé un principe fondamental d'exigence civique et d'égalité sociale dont l'histoire reste à faire.

Décembre 1993

I / La France, l'Armée et les juifs

Une France « positive »

La France de 1894 s'achemine vers la stabilité après avoir surmonté trois crises majeures : le boulangisme en 1889, le scandale de Panama en 1892 et la menace anarchiste conjurée par les « lois scélérates » de juillet 1894. L'élection à la présidence de la République d'un républicain modéré, Casimir-Perier, en remplacement de Sadi Carnot, assassiné le 24 juin 1894, symbolise ce retour au calme et l'accession au XXᵉ siècle.

Politiquement, la continuité s'impose. Les choix politiques des gouvernements dits « opportunistes » se résument au protectionnisme dans le domaine économique, à une quasi-indifférence pour la « question sociale », et à l'alliance russe pour briser l'isolement français. Les élections de 1893 soulignent un renouvellement du personnel politique, voulu par les « opportunistes » pour répondre au vieillissement des parlementaires. Elles dégagent une forte majorité de « républicains de gouvernement », des « modérés », ayant bénéficié des voix monarchistes ralliées, contre une gauche socialiste et radicale qui sort affaiblie du scrutin. Les radicaux, à la recherche d'une alternative, se rapprochent des socialistes qui, eux-mêmes, veulent sortir de leurs divisions et de leur marginalité. La droite monarchiste est devenue une opposition intra-parlementaire, si bien que les « modérés » décident de se passer de l'appoint radical pour former des cabinets qui se nomment désormais « progressistes ». Quelques députés libéraux comme Yves Guyot, directeur du *Siècle*, refusent cette évolution, mais rejettent en même temps toute alliance avec les socialistes. Le rejet des « doctrines collectivistes » reste un ciment efficace. Les socialistes sont repoussés du côté du mouvement syndical et d'un groupe de quarante députés menés par Jaurès et Millerand.

Le régime est stabilisé, soutenu par une croissance économique forte, ancré du côté des élites traditionnelles, s'attachant à stabiliser une société bourgeoise baignée par le « positivisme », la foi dans la raison et le progrès, la croyance dans le déterminisme. Au même moment, des savants comme les biologistes de l'Institut Pasteur ou le mathématicien Henri Poincaré doutent de la certitude en matière scientifique et envisagent une relativité de la vérité. Les revues, les congrès annoncent déjà « Belle Époque » intellectuelle de ces « années électriques » [112].

L'« arche sainte » de la nation

En cette dernière décennie du XIXe siècle, le traumatisme de la défaite de 1870 paraît surmonté. La volonté de revanche se renforce et la France veut s'en donner les moyens. Le rapprochement avec la Russie s'appuie sur un accord diplomatique et sur une convention militaire (27 août 1892). Rares sont les hommes politiques à s'étonner, comme Auguste Scheurer-Kestner, sénateur inamovible d'Alsace et premier vice-président du Sénat, de cet accord avec un régime opposé à celui de la République, ou à s'inquiéter en 1890 de l'extradition des « nihilistes » russes réfugiés à Paris. L'Empire colonial en voie d'achèvement est une autre réussite nationale. 1894 voit l'expédition de Madagascar tandis que des régions comme le sud de la Tunisie sont en cours de pacification. L'Empire doit être prêt pour l'Exposition de 1900 qui en sera la consécration.

Mais le relèvement le plus spectaculaire est celui de l'Armée. « L'institution militaire devient ainsi une très grande affaire nationale », écrit l'historien Maurice Agulhon [24]. Mais c'est une Armée dont la structure professionnelle est héritée des régimes précédents, où « l'aristocratie — socialement — et le royalisme — politiquement — [sont] surreprésentés » [24, p. 134-135]. La vertu du culte du « drapeau » et le mépris pour les « politiques » attachent les officiers à une République qui laisse l'Armée s'autorecruter et se gouverner elle-même. La conscription, principe républicain de la « nation armée », fait les frais de cet arrangement, et les officiers tiennent en mépris tous ces soldats non professionnels. Si la France célèbre fréquemment son Armée, cette dernière ne s'intéresse guère à la nation.

Démocratisation et modernisation commencent cependant à la transformer, souvent contre son gré. Les officiers, mieux formés, sortent davantage de l'École polytechnique qu'ils ont préparée au collège jésuite de la rue des Postes (les « postards ») ou à Sainte-Barbe (qui accueille aussi les quelques élèves juifs). Les polytechniciens concurrencent avec succès les élèves de Saint-Cyr, et une timide voie « moderniste » s'élabore parmi les officiers. Si elle est plus proche de Polytechnique, école plus ouverte et généraliste, ayant gagné en 1848 une aura républicaine, elle n'en traverse pas moins les cadres de l'Armée. La formation des officiers d'État-Major est assurée par l'École de guerre, devenue essentielle depuis que l'État-Major est permanent, indépendant des variations ministérielles. Son chef, le général de Boisdeffre, est l'artisan de la convention militaire signée avec la Russie, de même qu'il est à l'origine d'un vaste plan assurant la mobilisation de 2,5 millions de soldats toutes armes confondues. L'armement s'est modernisé, avec les obusiers de 120 et de 155 dont le système de frein est étendu à l'ensemble des pièces, tandis qu'un canon léger de 75 à tir rapide est sur le point d'équiper les premières unités.

La Section de statistique

Diplomatie, stratégie, armement : l'Armée multiplie les missions. Pour leur protection, elle développe un service de contre-espionnage, la Section de statistique, qui est chargée en même temps du renseignement sur les ennemis désignés. La France a ses agents en Allemagne, en Italie, et de puissants relais comme à Bruxelles. La Section, au ministère de la Guerre, est sous la responsabilité directe du sous-chef d'État-Major, le général Gonse ; elle est dirigée par le colonel Jean Sandherr depuis 1891. Ancien de Saint-Cyr, alsacien et antisémite, il est frappé de paralysie générale et devra abandonner ses fonctions en juin 1895. Sandherr est secondé par le commandant Joseph Henry, officier sorti du rang, qui a toute la confiance du général Gonse.

L'une des tâches de la Section consiste à espionner l'ambassade d'Allemagne, rue de Lille. Si l'ambassadeur, le vieux comte de Münster, nommé à Paris par Bismarck en 1885, est hostile par tradition hanovrienne à toute activité d'espionnage, le premier attaché militaire est chargé spécialement de cette mission. Plusieurs scandales antérieurs à l'affaire Dreyfus l'attestent. En août 1890, l'archiviste Boutonnet, du service de l'Artillerie, avait été condamné pour avoir livré à l'Allemagne des documents sur le chargement des obus à la mélinite. A la suite du procès, la France demanda le rappel du commandant Huene, attaché militaire et correspondant de Boutonnet. Il est remplacé par le lieutenant-colonel Maximilien von Schwartzkoppen, chargé par le Grand État-Major de Berlin de poursuivre les infiltrations. Dès son arrivée à Paris, la Section met en place un système d'interception de sa correspondance ainsi qu'un plan de récupération de ses papiers appelé « voie ordinaire ». Mme (Marie) Bastian, femme de ménage à l'ambassade, remet le contenu des corbeilles de l'attaché militaire à un officier de la Section, dans une chapelle de l'église Sainte-Clotilde. Depuis le début de l'année 1894, la Section enquête sur le trafic des « plans directeurs » pour les défenses de Nice et de la Meuse, mené par un agent que Schwartzkoppen et l'attaché militaire italien Panizzardi désignent du nom de « Dubois ». Ainsi, une lettre du printemps, saisie par la Section, parle-t-elle de « ce canaille de D. ».

Dans cette tâche d'espionnage et de contre-espionnage, la Section peut enfin s'appuyer sur d'autres services, au ministère des Affaires étrangères (les « Affaires réservées » sous la responsabilité d'un jeune secrétaire d'ambassade, Maurice Paléologue [16]), et au ministère de l'Intérieur (les « Services extérieurs » dirigés par Cavard).

L'antisémitisme, ou l'envers d'une nation républicaine

L'antisémitisme du colonel Sandherr n'est pas un trait individuel, mais une donnée de l'Armée et une composante de la société. « C'est aux environs de 1890, sous l'influence d'Édouard Drumont, de son livre sur *La France juive* (1886) et des articles de son journal, *La Libre Parole*, que l'antisémitisme se propage, avec une virulence croissante, dans le corps des officiers français » [62, p. 102]. Cette progression de l'antisémitisme s'accompagne d'un renforcement parallèle du cléricalisme, et il exploite le sentiment de repli d'un grand nombre d'officiers, sans fortune personnelle et gênés dans leurs positions militaires par la montée de la voie « moderniste ». La promotion de quelques brillants officiers juifs concentrent des haines exprimées publiquement. Les duels se multiplient à l'intérieur de l'Armée. Ces tensions sont avivées par des campagnes de presse déclenchées contre « les juifs dans l'Armée », comme la série d'articles de

La Libre Parole publiés à partir du 23 mai 1892, ou les caricatures antisémites du soldat *Chapuzot* réalisées par un collaborateur de Drumont. Au nom des 300 officiers israélites de l'Armée, le capitaine Crémieu-Foa provoque ce dernier en duel. Le capitaine Armand Mayer, juif alsacien et polytechnicien, est tué dans un autre duel par le marquis de Morès, un officier démissionnaire proche de Drumont. Sa mort crée une émotion considérable, bien au-delà des milieux juifs. A son enterrement, les élèves de l'École honorent leur camarade défunt, modèle du juif républicain, officier compétent et citoyen irréprochable [49].

L'Armée représente, pour ces juifs français, citoyens depuis la Révolution, patriotes et souvent laïques, la voie de l'excellence républicaine et une manière suprême de servir la République. Pour un autre jeune Alsacien (de Mulhouse), Alfred Dreyfus, reçu en 1878 à l'École polytechnique, entrer dans l'Armée est aussi un acte patriotique.

L'antisémitisme dans l'armée est un cas d'espèce révélateur de l'originalité militaire, mais il est également significatif du phénomène antisémite dans la société française républicaine. Le succès de *La France juive* d'Édouard Drumont en 1886 (150 000 exemplaires dans l'année) témoigne de cette progression désormais publique de la haine à l'égard des juifs et de l'irrationalité de certaines couches sociales prêtes à se passionner pour 1 200 pages de diabolisation de la présence juive en France. La communauté israélite ne compte pas plus de 70 000 personnes très intégrées (et 45 000 en Algérie). Le livre de Drumont a été bien étudié, montrant son rôle théorique dans la genèse de l'antisémitisme moderne tout autant que la synthèse qu'il opère entre l'antique antisémitisme, le racisme, l'occultisme, l'antijudaïsme chrétien, l'antisémitisme « économique »; d'où son succès populaire puisqu'il « ratisse très large ». En 1892, le lancement de *La Libre Parole* permet à Drumont de renforcer son audience et de puiser dans le patrimoine antijudaïque des milieux catholiques. Deux ans plus tard, Bernard Lazare, un jeune historien issu de l'École pratique des hautes études, publiciste talentueux et anarchiste non violent, rend compte — non sans ambiguïté [131] — de cet impact social et historique de l'antisémitisme français de la fin du XIXᵉ siècle (*L'Antisémitisme, son histoire et ses causes* [9]).

« Haute trahison »

Le 29 octobre 1894, *La Libre Parole* signale l'arrestation d'un officier français pour espionnage et exige aussitôt les raisons du « silence absolu » de l'Armée sur cette affaire. *L'Éclair*, proche du Vatican, renseigné par Forzinetti, le commandant de la prison militaire où serait détenu l'officier, confirme la nouvelle le 31 au soir. *La Patrie*, autre titre nationaliste, précise qu'il s'agit d'un « officier israélite attaché au ministère de la Guerre », et *Le Soir* écrit que « l'officier en question s'appelait Dreyfus, qu'il avait trente-cinq ans, qu'il était capitaine d'artillerie et était attaché au ministère de la Guerre ». Le ministère de la Guerre, par une dépêche de l'agence Havas, évoque l'information, sans préciser le nom de Dreyfus. Devant ce demi-silence, *La Libre Parole*, le 1er novembre au matin, titre en première page : « Haute trahison. Arrestation de l'officier juif A. Dreyfus. » Le journal ne fait que reprendre ses confrères, mais le retentissement est considérable dans l'opinion parisienne comme dans les sphères gouvernementales qui paraissent découvrir la nouvelle, preuve de l'impact de ses 200 000 exemplaires. *Le Figaro*, proche des républicains « modérés », demande le même jour de savoir « très vite la vérité ». Puis le gouvernement rend officielle la nouvelle de l'arrestation du capitaine d'artillerie Dreyfus et de l'ouverture d'une instruction judiciaire décidée en Conseil de cabinet à l'unanimité des ministres présents. Même le réticent ministre des Affaires étrangères, Gabriel Hanotaux, s'est rangé à la détermination de son collègue de la Guerre, le général Mercier.

Rien ne filtre de l'instruction, confiée par le gouverneur de Paris, le général Saussier, « généralissime » de l'Armée, au commandant d'Ormescheville en qualité de juge militaire. Ce silence renforce la pression de la presse. Les journaux nationalistes, *La Libre Parole* de Drumont, *L'Intransigeant* du vieux républicain Henri Rochefort, ancien communard devenu boulangiste et nationaliste à outrance, s'attaquent directement au ministre de la Guerre, accusé d'avoir voulu étouffer l'arrestation de Dreyfus, d'être responsable de la présence d'un « traître » à l'État-Major, et de favoriser les juifs « pour complaire à Reinach » (député opportuniste, futur dreyfusard). Le ministère de Charles Dupuy, constitué en mai, paraît déjà menacé. L'arrestation à Paris, le 15 novembre, pour espionnage, de deux officiers allemands, ajoute à la tension. Mercier déclare au *Figaro* que « la culpabilité est absolue, certaine ». Mais Dupuy l'oblige à démentir ses propos pour ménager l'Allemagne.

L'ambivalence allemande

Le gouvernement doit compter avec la dimension diplomatique et le contexte particulier des rapports franco-allemands. Les attachés militaires allemand et italien ont déjà démenti les affirmations de la presse sur leurs prétendues relations avec Dreyfus. *La Patrie* annonce, le 9 novembre, la saisie de lettres adressées à Schwartzkoppen. Le 10 novembre, *Le Figaro* publie une note de l'ambassade : « Jamais le lieutenant-colonel von Schwartzkoppen n'a reçu de lettres de Dreyfus. Jamais il n'a eu aucunes relations, ni directes ni indirectes, avec lui. Si cet officier s'est rendu coupable du crime dont on l'accuse, l'ambassade d'Allemagne n'est pas mêlée à cette affaire. » A la suite de calomnies dans *Le Matin* du 28 novembre, le comte de Münster proteste, et Hanotaux en personne se déplace le soir, rue de Lille. Une lourde ambiguïté pèse sur les discussions entre les deux hommes. L'ambassadeur est certain de l'innocence de son attaché, tandis que Hanotaux, qui pense détenir par Mercier la preuve de ses mensonges, doit démentir les informations quant à la responsabilité des « ambassades et légations étrangères à Paris ». Mais ces déclarations sont pour la presse une preuve supplémentaire de la culpabilité de Dreyfus. L'Allemagne couvre son agent, et les juifs sont plus que jamais considérés comme « l'ennemi intérieur ».

L'entrée en scène de l'Allemagne donne une nouvelle hypothèse à la presse nationaliste, celle de la guerre à coup sûr si la pièce attestant la trahison est dévoilée. Le gouvernement l'aurait donc détruite ou rendue à l'ambassade d'Allemagne. Hanotaux est souffrant après le 28 novembre, et sa maladie amplifie les rumeurs puisqu'il est celui qui aurait apporté le document, dans la nuit, au comte de Münster. Les nationalistes s'emparent d'un autre détail sans importance. Le 12 décembre, l'ambassadeur allemand proteste à nouveau, et sur sa demande, une note est rédigée à l'intention de la presse. Avant de la communiquer, elle est adressée à Münster, et les principaux ministres se réunissent à l'Élysée dans l'attente de sa réponse, presque immédiate. Pourtant, cette soirée d'attente à l'Élysée devient « la nuit historique » où l'Europe aurait risqué la guerre : Mercier à l'Élysée avec les ministres, le chef d'État-Major prêt à lancer l'ordre de mobilisation depuis le ministère de la Guerre, et le général Saussier installé chez lui pour la soirée ! Les démentis successifs ne font qu'amplifier le sentiment que le gouvernement cache la vérité. Elle prend une nouvelle forme avec la lettre que Hanotaux aurait apportée à l'ambassade d'Allemagne ; elle démontrerait l'intervention directe et personnelle de l'empereur Guillaume dans la trahison de Dreyfus. « Toute l'explication de l'affaire Dreyfus est là ! », s'exclame sans savoir l'écrivain Maurice Barrès.

L'instruction est close le 3 décembre, et le général Saussier signe l'ordre de mise en jugement. Le procès est fixé au 19. La presse dénonce à nouveau les lenteurs de l'instruction, et définit le dogme des nationalistes : si Dreyfus est acquitté, Mercier doit démissionner.

Condamné et dégradé (19 décembre 1894-5 janvier 1895)

Lorsque s'ouvre à Paris, le 19 décembre 1894, devant le 1er Conseil de guerre le procès du capitaine Dreyfus, le verdict obsède déjà l'opinion. L'accusé est ce brillant officier entré à l'École polytechnique en 1878, devenu capitaine d'artillerie et breveté d'État-Major. A 35 ans, il comparaît pour répondre de l'accusation d'« intelligences avec une puissance étrangère ». Malgré le flou de l'accusation, malgré l'absence de mobile sérieux, le verdict ne fait déjà plus l'ombre d'un doute tant la presse nationaliste et antisémite a réclamé une condamnation exemplaire. La grande presse populaire parisienne et provinciale a suivi le mouvement. Les grands titres (plus de 500 000 exemplaires), *Le Petit Journal* mené par le normalien nationaliste Ernest Judet, *Le Petit Parisien*, *Le Matin*, *Le Journal* plus jeune, dénoncent « le traître » dans une ambiance d'espionnite aiguë et de nationalisme exacerbé. Dreyfus, inculpé, est déjà condamné. Ses qualités intellectuelles et patriotiques jouent même contre lui : elles lui auraient servi pour mieux investir l'Armée, pour trahir la France, lui le premier officier juif accepté à l'État-Major. Le procès est inutile, plaident les nationalistes, car les secrets de la défense nationale seraient à découvert.

Ouvert à midi le 19 décembre, le procès Dreyfus se referme aussitôt sur le huis-clos, demandé et obtenu à l'unanimité des juges par le commissaire du gouvernement. L'avocat de Dreyfus, Me Albert Demange, convaincu de l'innocence de son client, est empêché de parler, et la salle est évacuée. Pendant quatre jours, les débats se passent à l'écart du monde, entre les juges, la défense, l'accusation, pense-t-on. Le 22 décembre, en début de soirée, le verdict tombe. Le capitaine Dreyfus est reconnu coupable « d'avoir, en 1894, à Paris, livré à une puissance étrangère ou à ses agents, un certain nombre de documents secrets ou confidentiels intéressant la défense nationale [...] ». Le Conseil de guerre le condamne à l'unanimité à la peine de la déportation dans une enceinte fortifiée et à la dégradation militaire.

La nouvelle est saluée unanimement. Il n'y a pas encore de résistance dreyfusarde, et les juifs évitent de prendre partie par crainte d'attiser l'antisémitisme, par peur des représailles, ou par conviction de la culpabilité. L'autorité de la « chose jugée » s'impose avec autant de force que l'amour de l'armée. Le radical Clemenceau écrit que Dreyfus n'est « rien qu'une âme immonde, un cœur abject » (*La Justice*, 25 décembre). Mais le résultat est accueilli avec surprise par ceux qui ont suivi le procès et constaté la fragilité des preuves. Casimir-Perier tenait du préfet de police Lépine que l'acquittement était probable. Le verdict *à l'unanimité* balaie les hésitations, et l'image de l'Armée sort encore grandie des « secrets terribles » qu'elle doit seule assumer.

Le 24 décembre, la Chancellerie de l'Empire communique que « l'ambassade d'Allemagne n'a jamais eu le moindre rapport direct ou indirect avec Dreyfus et [que] l'on ne saurait dès lors parler d'un papier émanant de Dreyfus pas plus que d'un commencement de tractation secrète ». Cette déclaration accuse davantage le condamné pour ceux qui le tiennent coupable. Le Conseil de révision, devant lequel Dreyfus a demandé un recours, proclame le 31 décembre que « la procédure est régulière et que la peine a bien été appliquée ». Dreyfus est définitivement condamné. Lucie Dreyfus est autorisée à le voir avant qu'il ne subisse la dégradation.

La cérémonie a lieu le 5 janvier 1895, dans la cour de l'École militaire. Tous les régiments de la garnison de Paris ont envoyé un détachement. La foule, derrière les grilles, lance des injures antisémites. Après la lecture de la sentence par le général Darras, un adjudant de la Garde républicaine arrache les galons et brise le sabre de Dreyfus. Celui-ci défile ensuite devant les 4 000 hommes de troupe. Il crie son innocence. Le soir, Émile Zola dîne chez son ami Alphonse Daudet. Léon, le fils aîné, collaborateur du *Figaro*, admis dans l'enceinte réservée, résume son article du lendemain :

« Le voici devant moi, à l'instantané du passage, l'œil sec, le regard perdu vers le passé, sans doute, puisque l'avenir est mort avec l'honneur. Il n'a plus d'âge. Il n'a plus de nom. Il n'a plus de teint. Il est couleur traître. Sa face est terreuse, aplatie et basse, sans apparence de remords, étrangère à coup sûr, épave de ghetto. [...] C'est sa dernière promenade parmi les humains et l'on dirait qu'il en profite, tant il se domine et brave l'ignominie. C'est un terrible signe que cette volonté n'ait pas sombré dans la boue, qu'il n'y ait eu ni effondrement ni faiblesse. »

Rien n'est épargné à Dreyfus. L'affirmation désespérée de son innocence lui est reprochée, comme une preuve supplémentaire de la « trahison de sa race », alors qu'elle devrait faire douter au moins les rédacteurs bien nés de la presse libérale dont la mission est d'observer la vie publique. Les mots ont ici pour mission d'anéantir le coupable et de lui signifier le sens de la déportation : la rupture avec le monde où la société bourgeoise de Léon Daudet tolérait sa présence. Dreyfus, ses carnets en témoignent [7], a ressenti d'une manière terrible son arrachement au monde, hors de la société des hommes et de l'avenir républicain. Et cela d'autant plus qu'il ne comprend pas les raisons de sa condamnation. S'il affirme son innocence, c'est par simple logique avec lui-même et dans la certitude que l'institution militaire, parce que républicaine et légaliste, saura réparer cette « erreur judiciaire ».

A ce dîner aimable, Zola s'insurge contre cette violence du récit de Daudet fils (elle sera la norme pour tous les récits de la dégradation sauf un article du bonapartiste Cassagnac dans *L'Autorité*). Les *Carnets* de Zola porte la trace de son indignation : « Mon émoi au point de vue humain : tous contre un, qui crie son innocence, la férocité de la foule. » Pour faire taire ces scrupules, une légende dite des « aveux » est lancée. Les racontars du capitaine de la Garde Lebrun-Renault, qui se répand le soir même au Moulin-Rouge, sont repris dans la presse. *Le Temps* et *Le Figaro*, qui publient eux aussi ces racontars, semblent attester de leur véracité. Le gouvernement publie un démenti le 6 janvier, mais le mal est fait dans l'opinion. En 1897, et jusqu'en 1903, cette légende sera opposée à ceux qui doutent de la culpabilité de Dreyfus.

L'île du Diable

Dans la nuit du 17 janvier 1895, Dreyfus est conduit gare d'Orléans. Il est enchaîné dans une cellule au fond d'un wagon. A l'arrivée à La Rochelle, il est frappé par une foule qui l'a reconnu. Il arrive dans la nuit sur l'île de Ré. Isolé dans le bagne de Saint-Martin, il subit les humiliations traditionnelles. Son seul bonheur est de correspondre avec sa femme, puis de la voir à quelques reprises. Le 21 février, il est transféré sur un vapeur, le *Ville de Saint-Nazaire*, et enfermé dans une cellule. Le bateau appareille le lendemain. En Guyane, il est déporté sur l'une des trois îles du Salut, en face de Cayenne. Cette île rocheuse et nue a été nommée île du Diable parce qu'elle avait servi à isoler les lépreux du bagne [57]. Dreyfus écrit à Félix Faure, qui a succédé à Casimir-Perier, pour protester de son innocence. Le président ne lui répond pas, pas plus qu'à ses nombreuses autres lettres.

Le 6 septembre 1896, brutalement, il est mis aux fers ; chaque nuit une « double boucle » lui enserre les pieds et lui meurtrit les chairs. Il ne comprend pas, et continue d'écrire.

Un tournant idéologique et politique

Dreyfus à l'île du Diable, la France retrouve son apparente stabilité. Mais la révélation d'une trahison à l'État-Major et la condamnation d'un officier juif ont représenté un tournant idéologique et politique. Relayée par la presse nationaliste et antisémite, une partie des Français se persuade d'un « risque juif » dans la société française, et de la faiblesse des gouvernements républicains devant ce « péril ». Seule une vigoureuse campagne d'opinion les a ramenés à leurs responsabilités ! Ainsi cette propagande se trouve-t-elle, dans la forme comme dans le fond, justifiée par la condamnation de Dreyfus. Elle prend rang de vérité. C'est « La France aux Français » [46] et la lutte contre les juifs qui menacent cette « vraie France ». Cette vision ne cadre pourtant pas avec l'indifférence de la grande majorité des juifs pour le sort de Dreyfus, ce que leur reprocheront Bernard Lazare et Charles Péguy. La solidarité se limita au cercle familial. Le grand rabbin Dreyfuss et Lucien Lévy-Bruhl, cousin de sa femme, professeur renommé du lycée Louis-le-Grand et de l'École libre des sciences politiques, sont ses rares témoins de moralité.

L'antisémitisme ne tient pas compte de cet isolement de Dreyfus. Il se félicite d'avoir démasqué un traître, rappelant par cet exemple le danger que représente l'intégration, alors que le patriotisme est le moteur de cette dernière. La théorie est indifférente aux faits : elle les nie. Un racisme se met en place, dérivé du nationalisme et de l'antisémitisme. Les articles à chaud de janvier 1895 annoncent les froides théories des années 1898 et suivantes. Mais le héros de ces nouveaux théoriciens est déjà désigné. Jules Soury, qui « contribue tant à convertir le nationalisme du tournant du siècle au racisme le plus radical, [...] qui se propose avant tout de prendre la défense de la France catholique » [46, p. 10], dédie la *Campagne nationaliste* (1902) au... général Mercier.

Ce ministre de la Guerre, polytechnicien « postard » et républicain, tente d'exploiter à son profit une victoire qui lui a été imposée par les nationalistes. Il dépose à la Chambre un projet de loi sur le rétablissement de la peine de mort pour les crimes de trahison. Jaurès intervient le 24 décembre 1894, souligne que Dreyfus « n'a pas été condamné à mort. Et en face de ses jugements le pays voit que l'on fusille sans grâce et sans pitié de simples soldats coupables d'une minute d'égarement ou de violence ». La Chambre prononce contre Jaurès la censure et l'exclusion temporaire, à la grande satisfaction de la majorité « progressiste » et antisocialiste qui regarde vers la droite. Un an plus tard, elle abandonne sa politique de « concentration républicaine » avec les radicaux pour « se satisfaire de l'abstention sympathique, voire de l'appui, de la droite ralliée ou non à la République » [31, p. 13].

L'antisémitisme s'implante au Palais-Bourbon. En mai 1895, le député des Landes, Théodore Denis, propose de « faire refluer les juifs vers le centre de la France ; la trahison y est moins dangereuse ». Seuls le socialiste Rouanet et le radical Alfred Naquet lui tiennent tête. Le gouvernement est embarrassé, et Henri Brisson, pourtant radical et franc-maçon, ne réagit pas. Les radicaux ne sont déjà plus au pouvoir. Seules les protestations allemandes (télégramme du prince de Hohenlohe, chancelier de l'Empire, le 5 janvier 1895), suivies d'un démenti du gouvernement sur l'origine du document, qui aurait accusé Dreyfus, font retomber le succès de Mercier. Le 15 janvier, le nouveau ministère Ribot ne le conserve pas, mais Hanotaux garde son portefeuille des Affaires étrangères. La démission du président de la République est une autre conséquence. Casimir-Perier, déjà marginalisé, n'a pas accepté la manière dont Hanotaux l'a laissé ignorant des démarches de l'ambassadeur d'Allemagne. Sa démission témoigne de la dérive institutionnelle de l'exécutif, mais personne n'y prend garde. Le 17 janvier 1895, il est remplacé par Félix Faure, longtemps ministre, élu par le Congrès réuni à Versailles.

II / Les mécanismes d'une culpabilité
   (1894-1895)

Expliquer le verdict surprenant de 1894 oblige à remonter dans le temps et à plonger dans le secret des États. C'est découvrir comment la Section de statistique a fabriqué la culpabilité de Dreyfus en utilisant des moyens illégaux et en créant les preuves qui manquaient, et comment l'État-Major a couvert ces illégalités au nom d'une raison d'État jamais revendiquée, dissimulant une somme extraordinaire d'incompétences, qui souligne la faiblesse technique et intellectuelle de l'Armée française au tournant du siècle.

Les faits sont maintenant établis avec soin. Marcel Thomas, chartiste et conservateur en chef à la Bibliothèque nationale, a clos une enquête largement avancée par la Cour de cassation en 1898 et en 1904. Son livre capital, *L'Affaire sans Dreyfus* [2], souligne le crime judiciaire qui a frappé Dreyfus et analyse le rôle du coupable véritable, le commandant Walsin-Esterhazy*. Ce travail remarquable ruine les œuvres polémiques ou les tentatives pour nier la réalité et réveiller l'antisémitisme : « [...] il est devenu possible sinon d'arriver à la vérité absolue — en matière historique, chacun sait bien qu'elle n'existe pas — du moins de reconstituer le déroulement des faits de manière assez précise, assez cohérente, pour faire rejeter [...] toute nouvelle hypothèse, si séduisante ou si "inductive" qu'elle soit, dès lors qu'elle ne

---

* Marcel Thomas a utilisé près de 50 cartons de la sous-série BB19 des Archives nationales. Cet ensemble, qui réunit les dossiers de la Cour de cassation, est une source essentielle pour l'histoire de l'affaire Dreyfus. Marcel Thomas, par ce travail inégalé, retrouve la lignée des philologues renommés, anciens élèves de l'École des chartes comme lui, Arthur Giry, Paul Meyer, Gabriel Monod, Gaston Paris, Émile et Auguste Molinier, Paul Viollet, Léopold Delisle, qui n'ont pas hésité à s'engager dans l'Affaire au nom de la méthode critique et de la rigueur morale.

cadrerait pas par quelque côté avec un schéma d'ensemble rendu désormais intangible par des milliers de documents d'une indiscutable authenticité » [2, p. 523-524].

Les « dreyfusards de la veille »

Mathieu Dreyfus ne comprendra que lentement l'enchaînement des faits ayant mené à la condamnation de son frère cadet, et il devra affronter l'opacité des preuves comme les manœuvres de l'État-Major. Il a été appelé de Mulhouse par Lucie Dreyfus dès l'arrestation de son mari, et c'est lui qui conduira jusqu'à son terme, en « frère admirable », l'œuvre de réhabilitation. Il y consacre sa petite fortune d'industriel mulhousien, devenue sous la plume des antisémites les « milliards du Syndicat » (juif) ! Sur cette légende comme sur bien d'autres, la Cour de cassation a apporté en 1906 un démenti complet, après avoir analysé en particulier les mouvements de fonds internationaux. Mathieu Dreyfus a seulement réuni autour de lui une petite équipe d'hommes déterminés et légalistes, rémunérés par ses soins. Il a su également constituer un réseau d'influence à partir de quelques « dreyfusards de la veille », bénévoles, indépendants et ne ménageant pas leur peine. Ses qualités d'autorité, d'écoute et d'organisateur font de Mathieu Dreyfus le patron d'une résistance opiniâtre, appuyée sur quelques principes forts dégagés dès 1895 : connaître les mécanismes de culpabilité en lançant une série d'enquêtes détaillées, élargir le premier noyau des « dreyfusards de la veille », « entreprendre sans me lasser jamais, sans me laisser rebuter par rien, une campagne personnelle de propagande dans tous les milieux où je pouvais pénétrer ; y faire des recrues, demander à ces recrues et à nos amis d'agir à leur tour dans leurs milieux, et enfin chercher le coupable » [13, p. 51].

Le premier acte de Mathieu Dreyfus est de mettre en sûreté, à Bâle, une copie de l'acte d'accusation faite par son frère et communiquée par le commandant Forzinetti, commandant du Cherche-Midi et premier officier dreyfusard. Albert Demange, l'avocat de son frère, tenu par le secret professionnel, lui apprend seulement qu'un document unique a servi de base à l'accusation, et qu'il a été attribué au capitaine par des expertises graphologiques. En janvier 1895, le docteur Gibert, connu dans le milieu de la recherche médicale psychiatrique (Charles Richet, Pierre Janet...) et ami personnel du sénateur Jules Siegfried comme de Félix Faure, avise Mathieu Dreyfus qu'un « dossier secret » a été utilisé contre son frère pendant le procès. Mais Félix Faure réagit très vivement, menace Gibert d'un démenti immédiat et organise son isolement jusqu'à sa mort en mars 1899. Jules Siegfried choisit de se taire. De son côté, Lucien Lévy-Bruhl fait le lien avec Salomon Reinach, son condisciple de l'École normale. Ce dernier, en janvier 1895, propose à Lucie Dreyfus d'adresser un appel solennel aux parlementaires, aux membres de l'Institut, aux grands magistrats, aux officiers généraux. Mais Mathieu Dreyfus refuse sur le conseil de Demange. Lévy-Bruhl continue cependant de multiplier les contacts, surtout intellectuels. Mais les renseignements concrets manquent pendant cette année 1895, et l'isolement des premiers dreyfusards est total.

Le « bordereau » : vrai document, fausse preuve

L'unique document accusateur a un surnom : « le bordereau ». C'est une lettre recto verso adressée à Schwartzkoppen, annonçant l'envoi de plusieurs documents relatifs à l'Armée française. Elle est déchirée, jetée par l'officier allemand dans sa corbeille, et elle parvient à la Section le 26 septembre 1894 grâce à la « voie ordinaire ». Le soir, le commandant Henry reconstitue le bordereau et le montre au colonel Sandherr qui s'alarme aussitôt. Les sous-chefs d'État-Major, Renouard et Gonse, sont avertis sur-le-champ, et informent immédiatement le ministre. Car le bordereau, dont la date est estimée entre avril et juin, atteste de la trahison d'un officier français qui livrerait des documents à l'Allemagne. Précipitation et confusion règnent alors à la Section et s'étendent à l'État-Major comme au cabinet du ministre. Elles seront une composante des mécanismes de culpabilité.

« Sans nouvelles m'indiquant que vous désirez me voir, je vous adresse cependant, Monsieur, quelques renseignements intéressants :

1° Une note sur le frein hydraulique du 120 et la manière dont s'est conduite cette pièce ;

2° Une note sur les troupes de couverture (quelques modifications seront apportées par le nouveau plan) ;

3° Une note sur une modification aux formations de l'artillerie ;

4° Une note relative à Madagascar ;

5° Le *Projet de manuel de tir* de l'artillerie de campagne (14 mars 1894).

Ce dernier document est extrêmement difficile à se procurer et je ne puis l'avoir à ma disposition que très peu de jours. Le ministère de la Guerre en a envoyé un nombre fixe dans les corps, et ces corps en sont responsables. Chaque officier détenteur doit remettre le sien après les manœuvres. Si donc vous voulez y prendre ce qui vous intéresse et le tenir à ma disposition après. Je le prendrai. A moins que vous ne vouliez que je le fasse copier in extenso et ne vous en adresse la copie.

Je vais partir en manœuvre. »

Mercier demande que l'enquête s'oriente en direction des officiers des bureaux centraux de l'État-Major suivant une déduction hasardeuse, le terme « note » étant compris dans son sens administratif. La variété des documents énoncés renforce alors l'hypothèse d'un officier d'artillerie récemment breveté et stagiaire à l'État-Major, hypothèse formulée le 6 octobre par le lieutenant-colonel d'Aboville. Le colonel Fabre rassemble les rapports concernant les stagiaires, et retient l'un de ceux dont il est l'auteur, un rapport négatif sur un officier « très intelligent et très bien doué, mais prétentieux ». Fabre et d'Aboville concluent par une expertise graphologique à la similitude de l'écriture du bordereau et de l'écriture du capitaine d'artillerie Alfred Dreyfus. Il est dès lors suspect et, étant suspect, il devient coupable.

Des vérifications sont bien opérées, mais elles subissent une triple logique. Logique de l'incompétence, d'abord. Car les premiers pas de l'enquête, qui seront essentiels pour la suite, témoignent du peu d'intelligence pratique des officiers de renseignement. Un artilleur ne dira jamais — *a fortiori* un excellent sujet comme Dreyfus — qu'une pièce se « conduit » ; elle « se comporte ». Les documents présumés livrés à l'Allemagne ont un intérêt très limité, et ce ne peut être la moisson sérieuse d'un officier d'État-Major (Schwartzkoppen lui-même les trouve dérisoires). Les officiers stagiaires ne sont pas partis en manœuvre en 1894, et ils le savaient à la date présumée de la rédaction du bordereau. Toutes ces erreurs, reconnues en 1906 par l'État-Major dans le cadre de l'instruction de la Cour de cassation, se multiplient en raison d'une seconde logique, celle du vide. Il faut un coupable identifié, immédiatement. Le ministre attaqué à l'extérieur, des officiers généraux en rivalité à l'intérieur, une armée isolée dans la nation l'exigent. Lorsque ce nom est trouvé, il devient aussitôt celui du coupable, à cause de l'urgence, et par la logique de l'antisémitisme, antisémitisme commun à plusieurs officiers qui le jugent indispensable pour protéger l'État-Major. Ces trois logiques se conjuguent pour créer le coupable et tirer « invinciblement la lourde machine ministérielle dans la direction de l'erreur, vite devenue irréparable » [2, p. 131]. Au même moment, les renseignements de l'agent double Cuers, signalant les agissements d'un « chef de bataillon décoré », ne sont pas pris au sérieux.

Une enquête de la Section de statistique

Dès le 6 octobre, beaucoup savent à l'État-Major que Dreyfus est le traître. Ce même jour, le commandant du Paty de Clam est chargé en qualité d'officier de police judiciaire d'un premier rapport, remis le 9 au chef d'État-Major général, le général de Boisdeffre. A partir de cette date, l'influence de Mercier est décisive sur les événements. Il a déjà informé le général Saussier, qui a déconseillé l'arrestation de Dreyfus. Mercier passe outre, persuade Boisdeffre, et demande le nom d'un expert au garde des Sceaux lors du Conseil des ministres. Mais il n'informe pas les autres ministres : il se méfie des civils. Contesté au gouvernement, il l'est aussi dans la presse et à la Chambre comme général républicain pour l'extrême droite, comme ministre incompétent par les spécialistes républicains de l'armée. Il n'avertit le président du Conseil que le lendemain, et la réunion d'un « petit conseil » est décidée. Le 11, le ministre des Affaires étrangères Gabriel Hanotaux insiste sur l'impasse dans laquelle se trouve le gouvernement puisqu'il est impossible de reconnaître que l'ambassade a été cambriolée par la Section. Du même coup, il devient impossible de prouver une quelconque trahison, puisque la relation entre l'Allemagne et le bordereau n'existe plus. Mercier (qui ne révèle pas le nom de Dreyfus) réussit pourtant à imposer ses vues à Dupuy, qui exige en contrepartie de nouvelles preuves. Hanotaux s'incline. L'arrestation de Dreyfus est décidée. Mercier a déjà contacté le préfet de police Lépine pour une assistance. Le 12 octobre, l'expert en écritures de la banque de France, Alfred Gobert, qui s'achemine vers une disculpation de Dreyfus, est désavoué par le célèbre chef du Laboratoire d'anthropologie de la Préfecture de police, Alphonse Bertillon. Il conclut à la similitude des deux écritures, celle du bordereau étant jugée en outre naturelle, donc non forgée.

La fabrication d'un coupable

Le 15 octobre, Dreyfus, convoqué pour une inspection, est arrêté dans le bureau du chef d'État-Major. Du Paty prétexte une main bandée pour demander à Dreyfus d'écrire à sa place une lettre où figurent certains mots du bordereau. C'est la fameuse scène de « la dictée ». Dreyfus, qui a froid aux mains, tremble légèrement. Les officiers y voient un aveu supplémentaire et se saisissent de lui. Pendant quelques minutes, ils le laissent seul dans la pièce avec un revolver en vue. Mais il ne se suicide pas. Il est alors mis au secret au Cherche-Midi. La Section, sans rien révéler à sa femme, perquisitionne à son domicile et saisit une lettre de son frère (« lettre du buvard »). Du Paty, qui garde la responsabilité de l'enquête, interroge Dreyfus sans succès. Il examine les mobiles possibles. Il n'en trouve aucun. Du côté des rapports fournis par la préfecture, sur les femmes et les jeux : rien.

Entre-temps Bertillon imagine avec la « lettre du buvard » sa théorie du décalque du bordereau. Dreyfus se sachant surveillé aurait, pour écrire le bordereau, utilisé un « gabarit » composé de son écriture associée à celle de son frère. Cette théorie permet ainsi d'attribuer le bordereau à Dreyfus alors même que les deux écritures sont éloignées. La densité pseudo-scientifique de la démonstration séduit l'État-Major qui peut s'appuyer sur d'autres rapports d'experts : Teyssonières et le marchand d'autographes Étienne Charavay concluent à l'identité des écritures (tandis qu'Eugène Pelletier affirme le contraire). Lorsque du Paty rend son rapport, il évite de conclure. Est-ce cette hésitation qui pousse le commandant Henry à informer de l'arrestation *La Libre Parole* le 29 octobre (d'après Joseph Reinach) ? Ou la fuite vient-elle des confidences de Forzinetti dans les cercles de jeu ?

De son côté, Paléologue, responsable des « Affaires réservées » (p. 8), reçoit la traduction d'un télégramme chiffré que l'attaché militaire Panizzardi a expédié le 2 novembre à Rome. La traduction complète est adressée à la Section, sauf trois mots qui échappent aux cryptographes. Ils alimentent immédiatement les suppositions de trahison et de complicité. Mais l'ensemble est connu le 10 novembre. « Il conviendrait de charger l'ambassadeur de publier un démenti officiel afin d'éviter les commentaires de la presse », écrit Panizzardi, qui est dès lors innocenté de ses liens avec Dreyfus. Dreyfus aurait pu l'être de la même manière. Mais le commandant Henry a complété les mots manquants : « Dreyfus arrêté, précautions prises, notre émissaire prévenu. »

Le 3 novembre, le général Saussier donne l'ordre d'informer, et nomme le commandant d'Ormescheville rapporteur auprès du premier Conseil de guerre de Paris. L'instruction dure du 7 novembre au 3 décembre 1894, et s'appuie sur le précédent rapport de du Paty. Aucune preuve nouvelle n'est avancée, sinon la haine antisémite des anciens camarades de Dreyfus à l'État-Major. Aussi la Section, pour « répondre » au souhait du président Dupuy, double-t-elle l'instruction officielle d'une (troisième) enquête secrète destinée à charger l'accusation et à masquer la faiblesse des preuves matérielles. Elle rassemble en particulier des pièces qui vont constituer un « dossier secret ». Sandherr décide de rattacher le bordereau à l'affaire des plans directeurs (p. 8), et retient la lettre « ce canaille de D. » en attribuant l'initiale à Dreyfus. D'autres manipulations sont opérées (sur un « mémento » de Schwartzkoppen saisi par la « voie ordinaire », sur des rapports de l'agent Guénée et de son informateur, le marquis de Val Carlos, grand d'Espagne et attaché militaire en second à l'ambassade d'Espagne). Le faux télégramme Panizzardi rejoint le « dossier secret », ce qui constitue la première intention criminelle après la suite des illégalités. Le commandant Cordier, second de la Section, témoignera en 1906 devant la Cour de cassation de ces premiers faux réalisés sur l'injonction de Sandherr et avec l'assentiment de Gonse, de Boisdeffre et du ministre.

Ce travail de protection s'accélère pour répondre aux attaques de presse dirigées contre Mercier. Au moment où Münster se rend chez Hanotaux, du Paty est chargé de rédiger un commentaire du « dossier secret », afin d'attribuer la totalité des pièces à Dreyfus. Mercier reprend lui-même l'ensemble du dossier secret. Mais le problème d'un service de renseignement venu en soutien d'une instruction judiciaire, c'est qu'il ne peut précisément pas faire état de ses informations. Les deux démarches sont incompatibles. Si le secret de la Section autorise les faux, ils ne sont d'aucune utilité dans le débat contradictoire des procès. A moins d'en changer les règles, ou de penser détenir des preuves si écrasantes qu'il n'est plus nécessaire d'en révéler l'origine.

Un procès illégal

Le commandant Picquart, brillant officier, Alsacien sorti de Saint-Cyr (*via* Sainte-Barbe), professeur à l'École de guerre, est personnellement chargé par le ministre de suivre le déroulement des débats. Le préfet de police Lépine est aussi dans la salle, malgré le huis-clos. Henry et le capitaine Lauth font la navette entre la salle d'audience et le ministère de la Guerre. La Section a pris la direction de ce procès, et le service n'hésite pas devant les moyens à employer. Henry intervient à la barre pour désigner le coupable, jurer que c'est Dreyfus. Mais le risque de l'acquittement persiste. Mercier prend alors la décision de communiquer le « dossier secret », et du Paty l'apporte en salle des délibérés. L'effet est immédiat sur les juges, qui examinent principalement le commentaire. Aucun ne s'alarme de l'illégalité fondamentale qu'ils sont en train de commettre, mais tous (sauf Freystatter en 1899) tairont cette communication à l'insu de la défense et de l'accusation, violation de toutes les règles d'un procès qui se doit d'être contradictoire. Du Paty remporte le « dossier secret », et le verdict est rendu.

La dégradation passée, Mercier verrouille l'accès aux informations. Il écrit à Saussier pour lui dire que le dossier du procès Dreyfus, « par analogie avec ce qui s'était fait pour les procès de la même importance, notamment pour celui de l'ex-maréchal Bazaine », sera conservé au ministère et non à la place de Paris. Le 17 janvier 1895, il détruit, en présence de Sandherr, le commentaire du « dossier secret », et lui ordonne de disperser les pièces dans les dossiers respectifs. Ce que Sandherr s'empresse de ne pas faire pour se protéger lui-même. Avant de quitter le ministère, Mercier réunit ceux qui ont participé à l'affaire et leur intime le silence.

L'Affaire sans Esterhazy

Personne, hormis Schwartzkoppen et ses supérieurs militaires, sait que le véritable coupable se nomme bien Walsin-Esterhazy, chef de bataillon au 74e régiment d'infanterie, et qu'il est entré en contact avec l'ambassade le 20 juillet 1894. Il a proposé spontanément des documents à Schwartzkoppen contre d'importantes sommes d'argent. Berlin a demandé de poursuivre. C'est ainsi que Schwartzkoppen indique ses choix dans le « mémento » récupéré par la Section. Le 13 octobre, en remettant la « réglette de correspondance » des canons de 120, Esterhazy tente de l'escroquer en lui donnant la vieille édition d'un règlement d'artillerie. L'attaché militaire se méfie alors. Esterhazy réagit en faisant paraître des articles dans *La Libre Parole* pour dénoncer l'espionnage allemand. Ses relations avec le journal de Drumont sont anciennes et étroites. Les pièces transmises à l'ambassade sont en même temps livrées en copie à son ami le commandant Biot pour ses chroniques militaires. Marcel

Thomas a démontré que, entre l'été 1894 et l'automne 1897, Esterhazy en est devenu le documentaliste en chef, voire le plumitif déguisé (sous le même pseudonyme de « commandant Z. »). Il est proche du journal au point de pouvoir faire cesser une campagne dirigée contre les généraux Edon et Saussier en juin 1894. L'ancien amant de sa maîtresse (Marguerite Pays) est Ponchon de Saint-André, dit Boisandré, l'un des journalistes importants du quotidien. Esterhazy collabore aussi au *Journal des sciences militaires* et à *L'Autorité*. Une association d'écrivains militaires, L'Épée et la plume, lui est par ailleurs utile comme réseau d'influence. Au baron Edmond de Rothschild, il se propose comme informateur des milieux antisémites au début 1895.

Esterhazy, en situation de faillite permanente, joueur, escroc et proxénète, a toujours de gros besoins d'argent. Sa grande affaire demeure cependant ses liens avec Maurice Weil, un ancien capitaine. Ce dernier, affecté au service des renseignements alors que Henry y était déjà lieutenant, avait rédigé des études pour la presse militaire tout en spéculant à la Bourse et en jouant un rôle minable d'agent trouble. Chassé de l'armée, il est réintégré en 1890 grâce à l'intervention du général Saussier qui est l'amant de sa femme. En octobre 1894, il avertit le « généralissime » de l'innocence de Dreyfus, sans révéler cependant la responsabilité d'Esterhazy.

Des renseignements de plus en plus farfelus (les « épures » d'un nouveau fusil), une affaire d'espionnage à Metz, enfin le soupçon de l'intoxication décident Schwartzkoppen à rompre. Il avise Esterhazy début mars 1896, par une lettre-télégramme écrite par sa maîtresse. Mais il renonce à l'envoyer, la déchire et la jette dans sa corbeille.

III / Raison d'État et République parlementaire (1895-1897)

Bernard Lazare à la tête du « Syndicat »

Le nom de Bernard Lazare a été transmis à Mathieu Dreyfus par le directeur de la prison de la Santé, ému par la détresse du capitaine pendant l'incarcération qui fit suite à la dégradation. Bernard Lazare, issu d'une famille juive de Nîmes, a alors 31 ans. Collaborateur de journaux parisiens, fondateur, en 1890, d'une revue à tendance symboliste, *Les Entretiens politiques et littéraires*, il appartient à l'avant-garde littéraire et libertaire. Ses amis s'appellent Pierre Quillard, Henri de Régnier, Paul Adam, Félix Fénéon, Jean Grave, Paul et Élie Reclus. Zola est leur tête de Turc. Avec *L'Antisémitisme* de 1894, Bernard Lazare se donne un interlocuteur fidèle, Drumont et sa sociologie raciste (p. 9).

Grâce à son beau-frère de Carpentras, Mathieu Dreyfus entre en contact avec lui et le persuade d'assumer une première tâche : l'élucidation du « dossier secret » dont Mathieu Dreyfus a eu confirmation par un ami de Demange. Puis il accepte d'écrire un mémoire sur une affaire qui se dessine progressivement. Bernard Lazare sacrifie alors sa position de publiciste réputé et s'engage totalement pour Dreyfus. Il sait aussi qu'il retourne à sa formation de jeunesse, lorsqu'il étudiait l'histoire à l'École pratique des hautes études sous la direction de Gabriel Monod. Il consacre l'été à étudier le rapport d'Ormescheville et les notes de Dreyfus remis par Forzinetti : « J'établissais par les seuls documents que je possédais, logiquement et irréfutablement, l'innocence de Dreyfus. Si on reprenait ce travail initial on y trouverait tout le fond de l'affaire Dreyfus » [13, p. 85].

Mathieu et Lucie Dreyfus décident cependant d'attendre pour une publication que le procès de 1894 sorte de l'oubli.

Un an s'écoule : l'oubli s'épaissit et les contacts s'épuisent. Scheurer-Kestner, sondé comme le chimiste républicain Marcelin Berthelot, consent à se renseigner. Son ami alsacien, le général Billot, lui déconseille d'aller plus loin. Mathieu Dreyfus voit une nouvelle porte se fermer. Bernard Lazare reprend tous ses contacts et, malgré l'insuccès, continue, en direction de Jaurès, Millerand, Coppée, même de Rochefort naguère si cruel avec Dreyfus dans *L'Intransigeant*. En mai 1896, il prend alors l'initiative sur un terrain parallèle. Rompant avec des complaisances passées, Zola vient d'écrire, le 16 mai, « Pour les juifs ». Drumont l'attaque aussitôt. Une violente polémique s'ensuit, et Bernard Lazare donne une série d'articles au *Voltaire*. Un duel a lieu. La Chambre prend parti, Mahy dénonçant l'alliance des juifs et des protestants, Naquet pourfendant l'antisémitisme.

L'Affaire est à moitié relancée. Pendant l'été, Bernard Lazare se rapproche de Joseph Reinach, « dreyfusard de la veille », très actif aux côtés de Mathieu Dreyfus et systématiquement injurié par la presse. A la rentrée, les dreyfusards, qui forment un petit groupe uni, décident de créer l'événement en lançant la nouvelle de l'évasion de Dreyfus. Une agence britannique se charge de l'opération, et la fausse information est publiée dans le *Daily Chronicle* du 3 septembre 1896. Si le ministre des Colonies, André Lebon, réagit aussitôt en imposant à Dreyfus, à titre préventif, la torture de la « double boucle », la fausse nouvelle passe inaperçue. Seul *Le Figaro* réagit en publiant les confidences d'un ancien fonctionnaire de la Guyane et en s'opposant au démenti du gouvernement. *La Libre Parole* et *L'Intransigeant* s'emparent du sujet et accuse « la juiverie » de collecter des fonds pour faire évader le déporté. Drumont publie le 17 novembre un article contre « Le Syndicat Dreyfus ».

Simultanément, l'Affaire est propulsée au premier plan : *L'Éclair* fait paraître deux articles sur les « bases irréfutables » de la culpabilité de Dreyfus, et le député Castelin dépose une demande d'interpellation sur « la complaisance du gouvernement à l'égard de Dreyfus et de ses amis ».

Picquart à la tête de la Section : 1er juillet 1895

Le jour de l'annonce de la fausse évasion, Georges Picquart, nouveau chef de la Section de statistique, remettait au général Gonse une note secrète révélant l'innocence de Dreyfus, condamné à la place du commandant Esterhazy. L'Affaire était relancée jusque dans l'« arche sainte » !

La nomination de Picquart, le 1er juillet 1895, à la tête de la Section en remplacement de Sandherr, commence par être bloquée par le général Saussier, qui le suspecte d'être juif alors que, précisément, il ne cache pas son antisémitisme. Il est certes alsacien, appartenant à un clan familial qui révélera sa forte solidarité dans l'Affaire. Sa carrière, des plus brillantes, a bénéficié des protections du général de Galliffet (le « fusilleur de la Commune »). Nommé simultanément lieutenant-colonel, il est, à 41 ans, le plus jeune officier à ce grade. Ses premiers mois à la Section ne bouleversent pas le fonctionnement du service ni les procédures existantes.

Mais la « voie ordinaire » fait parvenir, entre le 7 et le 15 mars 1896, un « petit bleu », une lettre-télégramme déchirée en plus de 30 morceaux. Picquart la réceptionne à la place d'Henry et charge Lauth de reconstituer le document.

« Monsieur le commandant Esterhazy, 27, rue de la Bienfaisance

« Monsieur,

« J'attends avant tout une explication plus détaillée [que] celle que vous m'avez donné *[sic]* l'autre jour sur la question en suspens. En conséquence, je vous prie de me la donner par écrit pour pouvoir juger ou non si je peux continuer mes relations avec la maison R. ou non.

C.t. »

Le petit bleu et le brouillon d'une autre lettre saisie sont de la même écriture, qui n'est pas celle de Schwartzkoppen. Émile Picot, chartiste, bibliothécaire des Rothschild, démontrera qu'il s'agit de l'écriture de sa maîtresse, femme d'un conseiller à l'ambassade des Pays-Bas, Mme de Weede. Picquart demande à Lauth de réaliser des photographies du petit bleu. Il veut pouvoir avancer que le petit bleu a été saisi à la poste, pour éviter l'impasse juridique du bordereau. Mais l'intérêt du document réside surtout dans le lien qu'il établit entre Schwartzkoppen et un autre officier français. Picquart ouvre une enquête qu'il garde secrète pendant quatre mois. Il recoupe ses informations avec les renseignements de Cuers (p. 20-21), met au jour ses relations avec l'ambassade d'Allemagne, mais néglige de s'intéresser à ses activités dans les milieux louches du journalisme et de la politique. Le 5 août 1896, il informe non le général Gonse, mais directement le chef d'État-Major, puis le général Billot, ministre de la Guerre du gouvernement Méline.

Une enquête menaçante (5 août-11 septembre 1896)

Le général de Boisdeffre demande à Picquart de poursuivre, et le ministre exige l'interception par le « cabinet noir » des lettres échangées entre Esterhazy et ses protecteurs. Picquart, vers la fin du mois d'août, a l'idée de comparer ces lettres avec le bordereau. L'expertise, concluante, lui révèle soudain l'ampleur de la trahison d'Esterhazy, et la nullité de la condamnation de Dreyfus puisqu'il n'est pas l'auteur du bordereau. Il s'adresse à du Paty et à Bertillon pour vérifier ses résultats. Après expertise, tous deux affirment l'« identité absolue » entre les deux écritures, sans savoir que les lettres ne sont pas de Dreyfus. Picquart décide de consulter les charges contre Dreyfus et se procure le « dossier secret » conservé par Henry dans une armoire de fer. Sa bonne connaissance du procès lui permet de constater que le dossier est non seulement vide, mais aussi appuyé sur des faux. Il écarte pour finir l'hypothèse d'une complicité entre Dreyfus et Esterhazy, tant les charges contre ce dernier sont écrasantes. Picquart se trouve alors devant un choix capital. D'un côté, une nouvelle vérité se met en place, beaucoup plus solide que la culpabilité de Dreyfus, et il est exclu qu'il l'étouffe. De l'autre, Picquart a conscience que cette révélation risque de l'écarter de toute une Armée qui est sa vie et son avenir, et qui tient unanimement Dreyfus pour coupable. Picquart choisit le compromis : la vérité, mais aussi la voie hiérarchique. Il rédige la « note secrète du 1er septembre 1896 » (conservée aux Archives nationales), dans laquelle il conseille à ses chefs de s'engager dans la voie de la révision du procès Dreyfus et d'agir en même temps contre Esterhazy. Mais il rajeunit de deux mois l'arrivée du petit bleu à la Section pour masquer son enquête solitaire.

Picquart se rend chez le général de Boisdeffre avec son dossier complet. Le chef d'État-Major se contente de le rappeler à ses obligations hiérarchiques. Picquart doit soumettre son enquête au général Gonse. En recevant sa note secrète, le 3 septembre, Gonse lui demande de « séparer les deux affaires ». L'intérêt pour l'État-Major est immédiat. Il ne revient pas sur la culpabilité de Dreyfus et il donne satisfaction à Picquart. Ce dernier ironise sur cette tactique : « Je ne voyais pas comment, s'occupant d'Esterhazy, on pouvait ne pas s'occuper du bordereau ; et le bordereau, en somme, c'était l'affaire Dreyfus. » Cette conscience de la situation, cette connaissance de l'affaire Dreyfus indisposent l'État-Major. L'attitude de Picquart peut même passer pour de la complicité avec les dreyfusards. Suite à la fausse nouvelle de l'évasion et à des manipulations de documents, Bertillon déclare avoir découvert le plan du « Syndicat », celui de l'« homme de paille » à substituer à Dreyfus. Cette thèse rassure l'État-Major puisqu'elle permet d'intégrer l'innocence d'Esterhazy dans la culpabilité de Dreyfus.

A la Section, l'atmosphère se détériore. Paléologue constate la haine croissante des officiers pour leur chef. Le 8 septembre, Picquart écrit une lettre sévère à Gonse, pour dire qu'il s'inquiète des initiatives de Mathieu Dreyfus et plaider pour la révision afin de préserver l'Armée. Entre-temps, il réussit à arracher l'autorisation à Boisdeffre de revoir le ministre. Il lui résume toute l'enquête et lui montre le bordereau et les spécimens des deux écritures. Billot est ébranlé. Mais Boisdeffre apprend que Picquart a évoqué le « dossier secret ». Il se rend aussitôt chez Billot. Ils décident d'étouffer l'enquête et d'isoler Picquart.

L'impossible étouffement (11 septembre-26 octobre 1896)

La décision est d'autant plus urgente pour l'État-Major que l'Affaire est maintenant relancée dans l'opinion. L'État-Major inspire les deux articles de *L'Éclair*, mais en voulant trop en faire, il révèle des détails essentiels de la condamnation de Dreyfus. Le 10 et surtout le 14 septembre, à ce « Syndicat » qu'il veut briser, le journal révèle le contenu de l'instruction de du Paty de Clam, donne le texte — inexact — du bordereau, évoque la pièce secrète « Canaille de D. » et reconnaît sans détour qu'elle a été communiquée au Conseil de guerre. Cet article est essentiel par les informations qu'il livre et le mouvement qu'il met en place : l'État-Major, pour interdire toute interrogation sur la culpabilité de Dreyfus, est conduit à évoquer des preuves accablantes qui n'existent pas, mais qui orientent les recherches dreyfusardes. Dans la défense aussi, l'État-Major dévoile son incompétence.

Picquart attribue les deux articles à la famille Dreyfus, mais l'État-Major le suspecte d'être l'auteur des fuites. Le 15 septembre, un entretien avec Gonse décide de son avenir. Il en a toujours donné la même version, mais le général Gonse a varié dans ses démentis. Le sous-chef d'État-Major aurait admis que Dreyfus pût ne pas être coupable, mais que l'important fût que son innocence ne soit pas reconnue afin de protéger l'État-Major et l'Armée. « Qu'est-ce que cela vous fait que ce juif reste à l'île du Diable ? », rétorquet-il à Picquart qui proteste de son innocence. « C'est une affaire que l'on ne peut pas rouvrir ; le général Mercier, le général Saussier y sont mêlés. » Picquart s'obstine, Gonse répond que la situation de Dreyfus ne doit pas entrer en ligne de compte. Le chef de la Section tente alors de lui montrer les risques d'une telle obstination, quand, à l'extérieur, des dreyfusards recherchent la vérité. Gonse lui intime le silence. Picquart refuse, en une phrase devenue fameuse qui a largement contribué à faire de lui un héros dreyfusard. « Je ne sais pas ce que je ferai, mais, en tout cas, je n'emporterai pas ce secret dans la tombe ! » L'affrontement des deux officiers anticipe les grandes batailles entre dreyfusards et anti-dreyfusards, et elle fixe déjà les positions idéologiques. Plus tard, l'État-Major tentera de faire oublier sa position, en insistant sur les pièges que Picquart voulait tendre à Esterhazy. Lorsqu'il s'agira de détruire Picquart, la volonté de réécrire l'histoire s'imposera comme un moyen privilégié.

Le heurt des deux officiers rappelle aussi le conflit entre l'Armée institutionnelle et la voie « moderniste » qu'incarnent avec assez de justesse Picquart ou Dreyfus.

Les « faux Henry » (30 octobre-2 novembre 1896)

Si l'élimination de Picquart est décidée, rien n'est précipité. L'État-Major décide de lui confier une mission inutile loin de Paris : l'inspection des services de renseignements des corps d'armée de l'Est et du Sud-Est. L'ordre de mission est signé par Billot le 27 octobre, tandis qu'un rapport d'Henry et de Guénée sur Picquart est transmis à Gonse et Billot le 30 octobre. La révélation de contacts entre Picquart et un ami avocat, Louis Leblois, qui lui donnait des conseils juridiques, leur apparaît comme une preuve supplémentaire de la trahison du chef de la Section. Devant l'étendue des risques, le sous-chef d'État-Major lâche devant Henry : « Si nous avions la guerre dans la situation où nous sommes ! »

Pour calmer l'inquiétude de ses chefs, pour « faire renaître la tranquillité dans les esprits », selon ses mots, Henry imagine le rôle décisif d'une pièce accablante. Placée au premier plan du « dossier secret », elle permettrait d'occulter les faux secondaires risquant d'être découverts et de protéger la culpabilité de Dreyfus. C'est donc un faux qu'il réalise chez lui le 31 octobre et le 1er novembre. Il utilise une lettre de Panizzardi à Schwartzkoppen datant de juin 1896, recueillie par la « voie ordinaire », conserve l'en-tête et la signature, et intercale un texte de sa main qui contrefait l'écriture :

« J'ai lu qu'un député va interpeller sur Dreyfus. Si on demande à Rome nouvelles explications, je dirai que jamais j'avais des relations avec ce juif. C'est entendu. Si on vous demande, dites comme ça, car il ne faut pas qu'on sache jamais personne ce qui est arrivé avec lui. »

Les trois morceaux sont reliés par des bandes de papier gommé transparent qu'utilise la Section pour reconstituer les documents de la « voie ordinaire ». Sur l'en-tête, Henry porte de sa propre écriture une fausse date, « 14 juin 1894 ». Enfin, le texte authentique de la lettre de juin 1896 est flanqué d'un en-tête et d'une signature contrefaits. Les nouvelles pièces forgées par Henry présentent une triple faiblesse. D'abord, l'identité graphique entre l'écriture de Panizzardi et l'écriture contrefaite d'Henry est grossière. Ensuite, le texte imaginé par Henry est caricatural et n'importe quelle analyse philologique sérieuse démontrerait que les italianismes prêtés à Panizzardi sont imaginaires. Enfin, Henry ne prend pas garde au fait que le papier utilisé pour écrire son texte diffère de celui de la lettre initiale.

Le 2 novembre, « le faux Henry » est présenté au ministère à Gonse, puis à Boisdeffre, qui le transmettent à Billot en le mélangeant à d'authentiques documents reçus par la « voie ordinaire » pour authentifier les deux faux. Seconde malversation, une copie est substituée à l'original du faux, copie certifiée conforme par Gonse et la Section, permettant ainsi de faire disparaître une pièce douteuse. Le « faux Henry » constitue une seconde forfaiture après celle de 1894. Mais, plus criminelle, elle oblige l'État-Major à refuser toute révision, et à compter sur le seul effet « massue » de la pièce.

Picquart entre l'État-Major et les dreyfusards

Après les articles de *L'Éclair*, les dreyfusards voient dans l'absence de démenti officiel la confirmation des informations du docteur Gibert sur Félix Faure (p. 18). Bernard Lazare refond son mémoire de juin 1895 et intègre le texte du bordereau qu'il a reçu de Mathieu Dreyfus. Des informations sur la « pièce secrète » des juges et l'initiale « D. » transitent par Demange *via* un ancien ministre de la Justice en 1895, le sénateur progressiste Ludovic Trarieux. Le mémoire est publié le 6 novembre à Bruxelles sous la forme d'une petite brochure. *La Vérité sur l'affaire Dreyfus* est adressée sous enveloppe à 3 500 personnalités, tous les parlementaires, et des écrivains, des universitaires, des savants. L'État-Major est surpris par la justesse des informations. Gonse, persuadé qu'il s'agit de fuites, accuse Picquart, le dernier à avoir consulté le « dossier secret ». Le 10 novembre, un fac-similé du bordereau, vendu par l'un des experts du procès de 1894, Teyssonnières, est publié dans *Le Matin*. Le 14, Picquart est convoqué chez Billot, qui lui annonce son départ sous quarante-huit heures. La Section est confiée à Henry, sous le contrôle étroit de Gonse. L'annonce de l'interpellation de Castelin a accéléré cette reprise en main.

A la Chambre, le 18 novembre, Billot anticipe sur le débat en lisant une déclaration préparée par Gonse. Il y affirme l'autorité de la chose jugée, et se retranche derrière le huis-clos pour écarter toutes les questions de fond, rappelant le principe de la séparation des pouvoirs et l'indépendance de la justice militaire. Castelin lui succède à la tribune. Il affirme sans preuves que Dreyfus a bénéficié de complicités civiles, a corrompu experts et juges militaires, et a été protégé par l'ancien ministre des Colonies, Chautemps. Puis il demande des poursuites contre Bernard Lazare et les drey-fusards. Méline réussit à faire repousser l'ordre du jour du député et fait voter une motion soutenant le gouvernement. Le 4 décembre, la Chambre confirme son refus de toute révision. Les conséquences de cette agitation atteignent Picquart. Gonse, assisté d'Henry et de toute la Section, épluche son enquête et découvre les dates erronées qui accréditent la légende du petit bleu comme document apocryphe substituant Esterhazy à Dreyfus.

L'État-Major décide d'envoyer Picquart en Tunisie, escomptant une mort accidentelle. Au mois de mars, une permission lui est accordée à Paris, mais il échoue à être reçu par le directeur de l'Infanterie. Ses soupçons augmentent et il les confie à l'un de ses proches, le commandant Mercier-Milon. De retour en Tunisie, il rédige le 2 avril un codicille à son testament : c'est un exposé de l'affaire Dreyfus, précédé de la mention : « En cas de décès du soussigné remettre ce pli au *Président de la République* qui seul devra en prendre connaissance. » Le 18 mai, prenant prétexte de lettres d'agents de la Section qu'il continue à recevoir, il adresse une courte note à Henry pour protester contre « les menson-ges et les mystères auxquels ma situation donne lieu depuis six mois ». Henry le menace le 31 mai par une longue lettre décrivant indirectement toutes les charges pesant sur lui. Picquart ne s'y trompe pas, la lettre d'Henry est une décla-ration de guerre. Il part en permission pour Paris, se rend le 20 juin chez son ami Leblois et lui révèle la situation. L'avocat comprend que l'honneur de l'officier passe par l'innocence de Dreyfus. Mais Picquart intime le silence à son avocat. Il l'autorise simplement à approcher des personnes favorables. Cette tolérance, Leblois l'exploite sur-le-champ.

L'engagement d'Auguste Scheurer-Kestner

Par Charles Risler, maire du VIIe arrondissement dont il est l'adjoint, Leblois apprend que Scheurer-Kestner, premier vice-président du Sénat, s'intéresse à la condamnation de Dreyfus. Joseph Reinach et le vieux sénateur radical Arthur Ranc ont réussi à le faire revenir sur sa décision et activer ses nombreux réseaux personnels. Mais il faut des preuves objectives car les expertises ne lui suffisent pas. Leblois obtient un rendez-vous avec lui le 13 juillet 1897. Il lui confie ce qu'il sait et lui montre des lettres de Gonse à Picquart, contre la parole de ne rien dire sans autorisation et de ne pas informer Mathieu Dreyfus. Le sénateur fixe le souvenir de cette rencontre par un mémento écrit sur papier à en-tête du Cercle de l'Opéra [19]. Si sa connaissance de l'Affaire est bouleversée, en revanche il ne peut se déclarer publiquement, à moins d'obtenir les mêmes informations que Picquart grâce à une autre enquête et sans l'aide de Mathieu Dreyfus dont Leblois refuse la collaboration. Pendant l'été, en sa ville de Thann, il engage un ancien policier et rassemble les éléments d'une expertise. Si elle est probante, elle ne lui suffit pas. Le 11 août, il écrit à Leblois pour lui demander l'aide de Picquart. La réponse est négative. Scheurer-Kestner, amer, se confie par lettre à Joseph Reinach, et les dreyfusards ont le sentiment, en cet été 1897, d'être livrés à eux-mêmes. Des informations sont publiées sur cette enquête et le gouvernement s'inquiète du rôle de Scheurer-Kestner. Le commandant Bertin-Mourot est chargé par Billot de sonder ses intentions, mais le sénateur se méfie. Il se rapproche de Mathieu Dreyfus qui accepte de retarder la publication d'une seconde brochure de Bernard Lazare pour ne pas réveiller les passions pendant le voyage de Félix Faure en Russie.

Le 10 septembre, Leblois et Scheurer-Kestner se rencontrent à Fribourg et décident d'une démarche auprès du président de la République. Mais Leblois lui demande d'attendre la venue de Picquart à Paris début octobre. Or, ces attentes répétées sont autant de répits accordés au ministère de la Guerre. Scheurer-Kestner s'engage même à ne rien tenter avant de rencontrer Billot, le 24 octobre. Cette entrevue, puis celle qu'il obtient du président de la République sont des échecs. Le 30 octobre, revoyant Billot, Scheurer accepte de garder le silence pendant les quinze jours de l'enquête sur Esterhazy à laquelle s'engage le ministre. Le lendemain, des fuites ministérielles informent la presse nationaliste qui dénonce les initiatives du sénateur. Cette reprise de l'agitation pousse le gouvernement allemand à rappeler Schwartzkoppen à Berlin, le 31 octobre 1897.

L'intoxication de l'État-Major

Alors qu'une brèche a été réalisée par les dreyfusards, l'État-Major décide d'une offensive générale contre Picquart. Le 16 octobre 1897, Gonse, Henry et du Paty se décident à faire intervenir Esterhazy contre lui. Esterhazy reçoit, le 16 octobre, une lettre d'Henry signée « Speranza » l'avertissant des découvertes de Picquart. Esterhazy prend peur. Il est approché par du Paty (affublé d'une fausse moustache) parc Montsouris le 22 au soir, pour s'assurer de sa collaboration dans la tactique de l'État-Major : briser tout lien entre lui et le bordereau. Suivant les instructions, il envoie deux lettres au président de la République pour dénoncer le vol d'un document par Picquart dans une légation étrangère. Tout est faux, mais la machination est tellement ancrée dans l'affaire Dreyfus que le résultat attendu est obtenu : le ministère de la Guerre, saisi par la présidence, lance une enquête secrète non sur Esterhazy, mais sur Picquart. Le 5 novembre, une nouvelle lettre contient des menaces plus précises. Du Paty décide d'appeler « demi-mondaine » la femme mystérieuse qui protège Esterhazy, et que le public transformera en « dame voilée ».

Mais Billot est inquiet. Non pas de la lettre de Scheurer-Kestner le rappelant, le 1er novembre, à ses engagements, mais d'un article de Cassagnac demandant la révision du procès de 1894 et de la perspective d'une nouvelle interpellation des députés nationalistes Castelin et Mirman pour le 8 novembre. Henry fait envoyer deux faux télégrammes et il s'arrange pour qu'ils soient interceptés par les PTT et transmis au ministère de la Guerre : la Section intoxique l'État-Major ! Le premier de ces télégrammes est adressé à Scheurer (« demi-dieu ») et nomme Picquart. Le second est envoyé à Picquart avec ce texte : « Arrêtez le demi-dieu. Tout est découvert. Affaire très grave. Speranza. » Ainsi ces faux télégrammes doivent-ils prouver les liens entre les deux hommes, révéler les méthodes du « Syndicat » et établir la trahison de Picquart. Mais la procédure d'Henry (qui signe son faux en utilisant des informations que lui seul connaît) témoigne surtout des liens entre la Section et Esterhazy, puisque c'est la propre maîtresse de ce dernier, Marguerite Pays, qui écrit les télégrammes. Enfin, pour innocenter Esterhazy et prouver le plan de substitution mené par le « Syndicat », Henry gratte le nom d'Esterhazy sur le petit bleu, puis le réécrit, faisant croire ainsi que Picquart a supprimé le nom de... Dreyfus. A partir du 11 novembre, la Section reçoit du directeur de la Sûreté, au préalable alerté par Henry, le double des télégrammes. Louis Barthou, ministre de l'Intérieur, annonce la nouvelle en Conseil des ministres, et Billot signe le 12 novembre un ordre confiant à Gonse « l'instruction judiciaire secrète à suivre contre le lieutenant-colonel Picquart ».

Un échec dreyfusard

Scheurer-Kestner, de plus en plus méfiant, s'adresse directement au président du Conseil. Méline est un Alsacien vosgien, du même groupe politique que lui. L'entrevue ressemble à une déroute. Leblois et Scheurer découvrent qu'ils ont été floués, que les précautions sont prises, que l'enquête promise n'aura jamais lieu, et que les solidarités politiques du temps de Gambetta sont mortes. Scheurer-Kestner est condamné dans son avenir politique. Parlementaire de la génération fondatrice de la République, il n'a pas vu la portée de cette première crise politique moderne.

L'interpellation à la Chambre de Castelin et Mirman, le 8 novembre, complète l'échec. « Il n'y a pas d'affaire Dreyfus », lance Méline pour marquer son refus de laisser entamer l'autorité de la « chose jugée ». Albert de Mun, catholique rallié, lui demande de « venger par une parole solennelle l'Armée outragée ». Les socialistes dénoncent de leur côté les vraies motivations des premiers dreyfusards : la réhabilitation insidieuse des « panamistes ». Par 325 voix contre 153, les députés choisissent de suivre Méline, votant un ordre du jour qui « flétrit les meneurs de la campagne odieuse entreprise pour troubler la conscience publique ». Le 9, le Conseil des ministres couronne l'édifice antirévisionniste en déclarant que le capitaine Dreyfus a été « régulièrement et justement condamné ». La révision par la voie libérale et parlementaire a échoué.

IV / « La vérité est en marche »
(octobre 1897-août 1898)

Les regroupements dreyfusards

L'avance prise par Bernard Lazare en 1896 n'a pas été totalement perdue. Certes, lorsqu'il publie le 12 novembre sa seconde brochure, *Une erreur judiciaire. L'Affaire Dreyfus*, l'opinion s'en désintéresse et le gouvernement, renforcé politiquement, ne s'alarme pas. Mais le travail de Bernard Lazare, qui associe une analyse approfondie des raisons idéologiques du procès de 1894 et un ensemble d'expertises favorables à Dreyfus, « fut un révélateur et eut une grande part dans l'engagement de ceux qui allaient former le camp des dreyfusards » [10]. Bernard Lazare s'inscrit dans une perspective de réfutation méthodique du procès de 1894 que ses retrouvailles avec Gabriel Monod ont renforcée. Ayant reçu la première brochure, l'historien, déjà marqué par le souvenir de la dégradation, lui demande de pouvoir comparer les écritures et arrive à « la certitude que le bordereau ne pouvait avoir été écrit par Dreyfus ». Il engage Bernard Lazare à solliciter le concours d'experts indépendants et étrangers et à publier le résultat des expertises — toutes négatives — dans *Une erreur judiciaire*. Il se renseigne auprès d'un ami personnel, Gabriel Hanotaux, toujours ministre des Affaires étrangères. Ce dernier lui oppose une fin de non-recevoir. C'est la première d'une longue suite de ruptures. Après une enquête sur la famille Dreyfus, en proie au « travail du doute » et scandalisé par le sort fait à Scheurer, Gabriel Monod se décide à l'engagement public. De Rome, il écrit une lettre ouverte au *Temps* et au *Journal des débats* en décrivant le parcours intellectuel qui le conduit à suspecter le jugement de 1894. Pour lui, l'idée que « la révision du procès serait une insulte à l'Armée » est intolérable. Il incarne bien ces personnalités modérées qui s'engagent résolument.

Lucien Herr, normalien, socialiste, bibliothécaire de l'École normale supérieure de la rue d'Ulm, s'est rapidement convaincu de l'innocence de Dreyfus. Il travaille à mobiliser un réseau cohérent, avec les élèves de l'École (la fameuse promotion de 1894 avec Félicien Challaye, Paul Mantoux, Albert Mathiez, Charles Péguy, Mario Roques pour les lettres, Paul Langevin pour les sciences), avec les anciens élèves (ou « archicubes ») Léon Blum, Jean Jaurès et le germaniste Charles Andler, avec le surveillant général Paul Dupuy, le sous-directeur Jules Tannery, et une majorité de professeurs dont Gustave Bloch, père du futur historien Marc Bloch. Les anciens élèves, dans les universités, dans les laboratoires, dans la presse, s'interrogent. Plus généralement, si savants et universitaires veillent à garder les institutions dans une stricte neutralité, ils réfléchissent au sens de l'affaire Dreyfus et à ce qu'elle révèle de la société républicaine.

Une petite presse dreyfusarde se constitue aux côtés du *Figaro*. *L'Aurore*, créé le 19 octobre, devient dreyfusard en novembre 1897 grâce au sénateur Ranc qui persuade son rédacteur en chef, Georges Clemenceau. Celui-ci déclare à Anatole France : « Nous serions seuls, nous vaincrions. » *La Fronde* et *Les Droits de l'homme* sont créés quelques semaines plus tard. Mais l'audience des dreyfusards est faible.

Les dreyfusards devant Esterhazy

Le 7 novembre 1897, un courtier en valeurs mobilières, Castro, reconnaît sur les fac-similés publiés par Bernard Lazare l'écriture d'un ancien client. Prévenu, Mathieu Dreyfus apprend le nom d'Esterhazy et se rend chez Scheurer-Kestner qui le lui confirme. Une réunion se tient chez lui le 13 novembre. Elle associe au groupe dreyfusard les écrivains Émile Zola et Marcel Prévost, et l'avocat général Louis Sarrut. On décide d'une révélation progressive de la vérité, « par des récits donnés en petites tranches, au jour le jour » [19, p. 180]. Mais un dérapage a lieu, et Emmanuel Arène, directeur du *Figaro*, dévoile l'ensemble du dossier dans un article signé « VIDI » le 14 novembre. Henry alerte du Paty et demande à Esterhazy de publier un mémoire que lui a confié récemment la Section. Le R.P. Bailly, de *La Croix*, refuse. En revanche, Drumont accepte bien volontiers, et l'article paraît sous la signature de « DIXI » dans *La Libre Parole*. Ce résumé de toutes les accusations réunies contre Picquart est une violente mise en garde antidreyfusarde.

Le 15 novembre, sur le conseil de Scheurer, Mathieu Dreyfus dénonce Esterhazy dans une lettre publique au ministère
de la Guerre. Billot annonce le lendemain à la Chambre
l'ouverture d'une enquête, confiée au général Saussier, et met
Scheurer-Kestner en demeure de produire ses justifications.
Pendant qu'Esterhazy multiplie les interviews, de Tunisie,
Picquart porte plainte pour « accusations calomnieuses ». En
quelques jours, l'affaire a pris des proportions considérables
et s'est arrachée à la confidentialité que l'État-Major sou-
haitait lui garder. Le général Saussier doit nommer un enquê-
teur, le général de Pellieux, commandant militaire de la
Seine. Il exige de du Paty l'arrêt de toute relation avec Esterhazy qui a déjà alerté *La Libre Parole*. Mais *Le Figaro*
publie une ancienne correspondance intime où Esterhazy
avoue sa haine de la France (lettre du « uhlan »). L'opinion
publique découvre la personnalité de celui que la presse
nationaliste présente comme la « victime des juifs ». *Le
Figaro* doit pourtant abandonner sa campagne révisionniste
après une série de désabonnements. Il laisse sa place au *Siècle*
d'Yves Guyot et à plusieurs revues *(Revue blanche, Revue
bleue)* qui attestent du passage de l'individualité militante aux
regroupements intellectuels. Ce prélude au dreyfusisme se
vérifie aussi avec la première conférence sur l'affaire Dreyfus, celle du Parti ouvrier français le 30 novembre.

Attaqué comme jamais dans la presse, recevant des excré-
ments par lettre, Scheurer-Kestner subit le 7 décembre un
affront au Sénat. Seul Trarieux vient au secours du sénateur
inamovible d'Alsace, mais le président du Conseil l'arrête :
« Il n'y a pas d'affaire Dreyfus. » A l'unanimité, le Sénat
s'associe au gouvernement Méline et désavoue son vice-
président. Comme figure emblématique des dreyfusards,
Scheurer est déjà remplacé. En le défendant publiquement,
dès le 20 novembre, en évoquant sa « vie de cristal », Émile
Zola s'affirme prêt à la relève. Il termine son article en déclarant : « La vérité est en marche, et rien ne l'arrêtera. »

L'engagement dreyfusard de Zola présente au moins trois
raisons. Il est dans l'Affaire dès lors qu'elle ressemble à un
roman, qu'émergent des personnages, et qu'il ne travaille pas
à un autre roman ! Il a terminé le manuscrit de *Paris*, qui
met en scène *La Voix du peuple*, image de *La Libre Parole*.
Dans *La Bête humaine*, il avait fait le récit d'une erreur judiciaire. Zola se souvient aussi de son opposition à la loi du
29 juillet 1881 sur la liberté de la presse, qui permet de frap-
per les auteurs « pornographes ». En s'engageant, il retrouve
les luttes passées et renoue avec une jeunesse perdue. Il est

disponible et a fait son deuil de l'Académie française. L'engagement peut enfin se comprendre par un vœu civique, le rêve d'une société plus ouverte et moins antisémite. Son article de mai 1896 prétendait excuser son antisémitisme passé. Le 1er décembre 1897, il dénonce la presse antisémite qui stigmatise les dreyfusards, et revendique son appartenance à leur « Syndicat » : « J'en suis et j'espère que tous les braves gens de France vont en être ! » [21].

L'acquittement d'Esterhazy : 11 janvier 1898

Si les dreyfusards ont paru, à la mi-novembre 1897, remporter quelques succès, ils se heurtent à la détermination unanime des nationalistes décidés à empêcher toute révision. Le duc d'Orléans parle de « l'écho des scandales nouveaux dont on n'a pas su épargner la honte à la France », et sa lettre est affichée dans Paris le 26 novembre. Le même jour, au cours d'obsèques militaires, le général Billot déclare que « l'Armée française est comme le soleil, dont les taches, loin d'assombrir sa lumière, donnent à ses rayons une plus éclatante splendeur ». Le ton est donné. Des leçons de patriotisme sont opposées à ceux qui osent critiquer l'Armée.

Le général de Pellieux conclut son enquête le 20 novembre en mettant Esterhazy hors cause. Il demande au contraire un conseil d'enquête pour Picquart. Son enquête a totalement dérivé sur la pression de l'État-Major. Le Conseil des ministres réagit en décidant d'une enquête judiciaire et du retour de Picquart en France. Picquart dépose les 26 et 27 novembre devant de Pellieux. Ses affirmations constituent un ensemble très cohérent qui oblige l'État-Major à s'occuper directement de l'enquête pour éviter qu'elle ne passe du côté des civils ; éviter aussi que le colonel Panizzardi ne puisse venir témoigner comme il le demande depuis que la presse lui attribue une lettre désignant Dreyfus. Boisdeffre fait transmettre au Conseil des ministres une note expliquant l'impossibilité absolue d'une telle démarche. Il joint la correspondance de Panizzardi avec en son centre la pièce « canaille de D. » et le « faux Henry », les vrais documents conférant leur authenticité aux faux.

Le 4 décembre, le général Saussier signe l'ordre de jugement d'Esterhazy devant le deuxième Conseil de guerre de Paris et confie l'instruction au commandant Ravary. Une double demande d'interpellation est déposée le jour même. Méline prévient : « Il n'y a pas d'affaire Dreyfus. » Albert

de Mun s'enflamme et s'en prend à la « puissance mystérieuse et occulte » qui menace « le domaine commun de nos
invincibles espérances : l'honneur de l'Armée ». Puis Billot
prend le relais. Il réaffirme la culpabilité de Dreyfus et dit
ses regrets de ne pouvoir poursuivre en justice les dreyfusards. Les députés souscrivent à ce discours nationaliste en
votant la confiance au gouvernement.

Le procès Esterhazy le confirme. L'instruction judiciaire
s'achève le 1er janvier 1898 par un non-lieu. Mais le général
Saussier signe le 2 janvier 1898 l'ordre de mise en jugement
d'Esterhazy. Le 4, Picquart dépose une nouvelle plainte pour
faux et usage de faux. Le juge Bertulus est désigné pour l'instruction. Le procès Esterhazy s'ouvre le 10 janvier devant le
deuxième Conseil de guerre de Paris présidé par le général
de Luxer. Lucie Dreyfus est représentée par Fernand Labori,
brillant avocat de 35 ans, directeur de la *Revue de Paris*.
Edgar Demange défend Mathieu Dreyfus. Mais les dreyfusards reconnaissent que le procès est mal engagé. Trarieux
s'est élevé le 6 janvier, dans *Le Temps*, contre le « simula-
cre de justice qui se prépare ». Les dépositions de Mathieu
Dreyfus, de Scheurer-Kestner sont couvertes par les réactions
d'une salle « faite » par les officiers dont beaucoup se mas-
sent, avec le général Pellieux, *derrière* le Conseil de guerre.
La déposition de Picquart est soumise au huis-clos et Pellieux
intervient sans qualité légale pour défendre l'État-Major.
L'un des juges est même obligé de rappeler que le colonel
Picquart n'est pas l'accusé.

Le 11 janvier au soir, le commandant Esterhazy est
acquitté à l'unanimité. Le général de Luxer vient le féliciter.
La foule l'acclame à sa sortie de prison, et crie « Mort aux
juifs ! ». Picquart arrêté sur ordre du ministre, Scheurer-
Kestner écarté de la vice-présidence du Sénat complètent la
déroute dreyfusarde. Juridiquement aussi, c'est le désastre.
Dreyfus ne peut plus être sauvé en confondant le coupable
désormais protégé par son acquittement « au nom du peuple français ». La force de la « chose jugée » qui maintient
Dreyfus à l'île du Diable protège Esterhazy. Les voies légales sont épuisées et la cassation requiert la décision du garde
des Sceaux. Les « dreyfusards de la veille » sont amers. Mais
la relève, en termes humains et intellectuels, se prépare à agir.

Changement de stratégie. Les intellectuels dans l'Affaire

La stratégie libérale de Scheurer-Kestner et de Joseph Reinach a joué son rôle, qui a été de montrer la détermination

de l'État-Major, la soumission du gouvernement et le mépris des règles légales dans la justice militaire. Le 7 janvier 1898, Scheurer-Kestner se tourne vers Émile Duclaux, directeur de l'Institut Pasteur, personnage considérable de la science française et chercheur très brillant. Il lui demande ce qu'il pense, *comme savant*, de l'acte d'accusation de 1894 publié par *Le Siècle*. Duclaux avait été déjà écrit au sénateur pour l'assurer de son soutien, et Paul Appell, doyen de la faculté des sciences de Paris, cousin de Picquart, alsacien et normalien, rapproche les deux hommes. Grâce à Joseph Reinach, *Le Siècle* publie la lettre de Duclaux le 10 janvier.

« Je pense tout simplement que si, dans les questions scientifiques que nous avons à résoudre, nous dirigions notre instruction comme elle semble l'avoir été dans cette affaire, ce serait bien par hasard que nous arriverions à la vérité. Nous avons des règles tout autres, qui nous viennent de Bacon et de Descartes : garder notre sang-froid, ne pas nous mettre dans une cave pour y voir plus clair, croire que les probabilités ne comptent pas, et que cent incertitudes ne valent pas une seule certitude. Puis, quand nous avons cherché et cru trouver la preuve décisive, quand nous avons même réussi à la faire accepter, nous sommes résignés à l'avance à la voir infirmer dans un procès de révision auquel nous présidons nous-mêmes.

« Nous voilà bien loin de l'affaire Dreyfus ; et, vraiment, c'est à se demander si l'État ne perd pas son argent dans ses établissements d'instruction, car l'esprit public y est bien peu scientifique. »

Dans les milieux de la science, de l'Université et de la haute administration, se développe un front dreyfusard, étroit mais solidaire et déterminé. Sa diversité sociale, politique, esthétique, ou générationnelle n'empêche pas de fortes convergences. Elles s'expriment, dès les premiers jours de janvier, dans des projets de pétitions qui mobilisent des hommes comme Duclaux et Herr, les chimistes Édouard Grimaux (École polytechnique) et Charles Friedel, le jeune normalien Élie Halévy avec son frère Daniel et son père le librettiste Ludovic Halévy. L'acquittement d'Esterhazy accélère regroupements et signatures. Les 14 et 15 janvier, celles-ci sont rendues publiques, accompagnées des premières listes qui dévoilent les milieux intellectuels et les filières d'engagement. Même si les deux pétitions se confondent rapidement, les textes en sont différents. Le premier, plus audacieux, demande la révision. Le second, plus légaliste, rappelle la République parlementaire à ses devoirs de justice.

« I. *Les soussignés, protestant contre la violation des formes juridiques au procès de 1894 et contre les mystères qui ont entouré l'affaire Esterhazy, persistent à demander la révision.*

« Émile Zola, Anatole France, de l'Académie française, Duclaux de l'Institut Pasteur, membre de l'Académie des sciences, Jean Aljabert, Paul Brulat, Raymond Koechlin, Fernand Gregh, André Rivoire, Saint-Georges de Bouhélier, Louis Feine, architecte, Anquetin, avocat à la cour d'appel, docteur Bonnier, Georges Lecomte, E. Letailleur, Th. Ruyssen, de l'Association de la paix par le droit, Jack Abeille, Charles Darantière, licencié en droit, Philippe Dubois, René Dubreuil, Marcel Huart, Pierre de Lano, Jehan Rictus, Georges Laporte, publiciste, Lhermitte, J.-M. Gros, Lugné-Poe, Jacques Bizet, Daniel Halévy, Saviez, publiciste, Othon Goepp, licencié en droit, Gabriel Trarieux, André Beaunier, Alfred Bonnet, secrétaire du Devenir social, A.-F. Hérold, Pierre Quillard, E. Tarbouriech, professeur au Collège des sciences sociales, Ch. Rist, licencié en droit, Ed. Rist, interne des hôpitaux, F. Fénéon, secrétaire de la *Revue blanche*, Robert de Flers, Marcel Proust, Léon Jeatman, Louis de la Salle, Amédée Rouquès, Paul Lagarde, avocat à la cour d'appel.

« Victor Bérard, Lucien Herr, Ch. Andler, C. Bouglé, P. Lapie, A. Métin, F. Brunot, E. Bourguet, Jean Perrin, Marotte, Vieillefond, Lebesgue, Mège, Mouton, Jarry, Cligny, Élie Halévy, Massoulier, J. Rey, Dureng, Dubreuil, Simiand, Treffel, Roques, Loewé, H. Bousquet, agrégés de l'Université.

« *II. Les soussignés, frappés des irrégularités commises dans le procès Dreyfus de 1894, et du mystère qui a entouré le procès du commandant Esterhazy, persuadés d'autre part que la nation est intéressée au maintien des garanties légales, seule protection des citoyens dans un pays libre, étonnés des perquisitions faites chez le lieutenant-colonel Picquart et des perquisitions non moins illégales attribuées à ce dernier officier, émus des procédés d'information judiciaire employés par l'autorité militaire, demandent à la Chambre de maintenir les garanties légales des citoyens contre tout arbitraire.*

« MM. Charles Friedel, membre de l'Institut, commandeur de la Légion d'honneur, Édouard Grimaux, membre de l'Institut, officier de la Légion d'honneur, G. Sorel, ancien ingénieur en chef des Ponts et Chaussées, chevalier de la Légion d'honneur, docteur Poittevin, docteur A. Zuber, Delbet, chirurgien des hôpitaux et professeur agrégé à la faculté de médecine, Gabriel Séailles, professeur à la Sorbonne, Paul Desjardins, Béhal, professeur à l'École de pharmacie (...). »

Dans les deux cas, des écrivains et artistes d'avant-garde ont joué, aux côtés de la « jeunesse des écoles », des jeunes maîtres de conférences et des mandarins de l'Université, un rôle moteur : Octave Mirbeau, Paul Brulat, Félix Fénéon, André Ibels, Camille Mauclair, Léon Parsons, Laurent Tailhade, Paul Alexis, Alfred Vallette, Tabarant, Paul Fort, Maurice Bouchor, Henri Dagan... On y retrouve les amis de Bernard Lazare, les anciens du groupe de la Conque et du Banquet, l'équipe de la *Revue blanche*, le cercle Tristan Bernard avec Jules Renard [18].

Les deux « Protestations » ne totaliseront que 2 000 noms en une quarantaine de listes publiées dans *L'Aurore* et *Le Siècle* jusqu'au 4 février. Mais la qualité des signataires et le processus d'autocélébration de la presse dreyfusarde, de même que l'effet de surprise de cette mobilisation intellectuelle et l'ampleur que lui donnent les réactions nationalistes, sont un atout majeur. Le 23 janvier, Clemenceau baptise les signataires d'un substantif répandu dès les années 1870. Barrès le reprend, sous un sens négatif, dans « La protestation des intellectuels » : « Ces prétendus intellectuels sont un déchet fatal dans l'effort tenté par la société pour créer une élite. Dans toute opération, il y a ainsi un pourcentage de sacrifiés » (*Le Journal*, 1er février).

« J'accuse »

En publiant sous forme de brochure une *Lettre à la jeunesse*, le 13 décembre, et une *Lettre à la France*, le 4 janvier, Zola avait maintenu sa capacité d'intervention. Devant les procédures imposées dans le procès Esterhazy et en étudiant les documents fournis par Scheurer-Kestner et Bernard Lazare, Zola rédige une « Lettre au président de la République ». Il la porte dans l'après-midi du 12 janvier à *L'Aurore* sur la suggestion de Leblois. Pendant la lecture des épreuves, Clemenceau lui donne le titre fameux de « J'accuse » qui barre toute la première page du journal. Sur huit colonnes, Zola donne les raisons de la condamnation de Dreyfus et montre que la logique mise en place a impliqué l'acquittement d'Esterhazy. En appelant à l'autorité suprême du chef de l'État et à sa conscience de l'histoire, il termine par une série d'accusations contre l'État-Major, les Conseils de guerre, les experts et la presse, qui ne peuvent rester sans réponse. Elles ont même pour fonction d'ouvrir la voie à une relance brutale de l'Affaire : « Qu'on ose donc me traduire en cour d'assises et que l'enquête ait lieu au grand jour ! »

Beaucoup d'erreurs jalonnent ce texte de combat. Le rôle de du Paty y est majoré, celui d'Henry à peine mentionné, et Gonse comme Mercier sont ménagés. On voit que les dreyfusards étaient loin d'avoir pu saisir la responsabilité de l'État-Major ni reconstituer le rôle de la Section. Pour la première fois cependant, l'ensemble des données existantes sur l'Affaire est réuni dans un même texte, permettant une argumentation serrée et ambitieuse. Mais l'exactitude quant aux faits n'est pas le but unique de Zola. « J'accuse » a aussi pour fonction d'opposer, à la vérité dans laquelle les dreyfusards sont enfermés depuis l'acquittement d'Esterhazy, une autre vérité, celle de la condamnation fabriquée de Dreyfus. L'ampleur de la transgression donne du poids à cette vérité-là. Si l'interprétation de Zola paraît excessive à bon nombre d'intellectuels modérés, même signataires des pétitions, elle doit affronter la vérité de l'État-Major et affirmer en conséquence une vérité bien plus forte, excessive pour être efficace. Briser le consensus implique d'écarter les analyses mesurées. C'est la première composante « révolutionnaire » du « J'accuse ». La seconde, c'est d'utiliser l'institution judiciaire civile pour donner à Dreyfus le procès qu'il n'a pas eu devant les juridictions militaires. Zola y convoque déjà l'opinion et d'abord les lecteurs de *L'Aurore*. 200 000 exemplaires du journal sont vendus en quelques heures, alors que le tirage moyen n'excède pas 30 000. Zola reçoit des lettres innombrables, lettres de femmes, lettres de l'étranger, messages de ceux qui n'avait eu jusque-là que peu droit de cité.

Les « dreyfusards de la veille » sont perturbés par cette stratégie de la « rupture » [63]. Mathieu Dreyfus, bien qu'il n'ait pas été mis au courant, soutient Zola. Les intellectuels des pétitions quant à eux répugnent aux traits grossiers de l'analyse du « J'accuse », à la conviction d'innocence de Zola, mais conviennent de son courage et se tiennent prêts à le soutenir dans un éventuel procès.

Le procès Zola

La première réaction du gouvernement est d'éviter les poursuites et de refuser la tactique de Zola. « Nous sommes dans la m... mais ce n'est pas mon c... qui l'a faite », confie cependant Billot. Le gouvernement, qui a jusqu'ici joué les nationalistes, se trouve soudain dépassé à la Chambre. Le 13, Albert de Mun et le radical Cavaignac dénoncent Zola, rappellent les « aveux » de Dreyfus et ordonnent des poursuites. L'État-Major y est favorable, et Clemenceau provoque les antidreyfusards le lendemain dans *L'Aurore*. La plainte est décidée en Conseil des ministres le 18 janvier. Elle ne porte volontairement que sur trois passages du « J'accuse » afin de limiter les débats à l'accusation portée contre le second Conseil de guerre : avoir acquitté « par ordre » Esterhazy. Le gouvernement croit tenir le moyen d'étouffer le procès. Pour limiter les risques, Billot refuse d'évoquer les « aveux » de Dreyfus, pour ne pas entamer l'autorité de la « chose jugée ». Cavaignac pourtant le lui redemande à la Chambre le 22 janvier, pendant une séance où Jaurès révèle son dreyfusisme ardent. Pour Picquart, l'étau se resserre. Le Conseil d'enquête le place en réforme « pour faute grave dans le service » et confirme sa détention.

La préparation du procès met en évidence la concentration dreyfusarde. L'équipe de *L'Aurore* est au premier plan avec Clemenceau, qui est autorisé à défendre le gérant Perrenx aux côtés de son frère Albert, tandis que Zola est défendu par Labori. Une équipe de juristes, dont Léon Blum, jeune auditeur au Conseil d'État [11], prépare les dossiers remis au parquet et aide Mathieu Dreyfus à réunir les 200 témoins prévus. Zola écrit personnellement à Louis Havet, professeur au Collège de France, pour obtenir l'assistance de philologues et d'historiens.

Quand le procès s'ouvre, le 7 février 1898, au Palais de justice, devant la cour d'assises de la Seine, les dreyfusards sont décidés à faire des quinze audiences le tournant de l'Affaire. *L'Aurore* et *Le Siècle* publieront *in extenso* tous les débats, grâce à une batterie de sténographes. Ces informations presque en direct ne suffisent pas, et la foule attend devant le Palais de justice. Les nationalistes sont vite maîtres de la rue et des bagarres éclatent chaque jour. Dès le 8 février, à la deuxième audience, le préfet de police doit intervenir, et Zola, entouré de quelques amis, est évacué discrètement.

La violence de la rue témoigne de l'agressivité des débats. Le président Delegorgue n'est guère à la hauteur, se contentant de répéter inlassablement la phrase rituelle « La question ne sera pas posée » qui clôt toute incursion dans le procès Dreyfus. L'accusation est solidement tenue par l'avocat général Van Cassel, par les témoins militaires qui se succèdent dans le prestige de leur grade et par une salle « faite » par Me Aufray, un avocat nationaliste.

Malgré cette détermination, la situation de l'État-Major se dégrade rapidement. Un procès Dreyfus est bel et bien tenu, et si la lumière ne peut pas être faite, au moins les obscurités, les ombres, les dissimulations sont livrées à une opinion pour qui l'Affaire commence à changer d'image. Le système d'accusation concernant Dreyfus est largement entamé. Les experts perdent du terrain, et Bertillon sombre dans le ridicule. Pellieux, et surtout Gonse, particulièrement attaqués, paraissent à court d'arguments. La célébrité des avocats et la qualité des témoins dreyfusards obligent les officiers à placer d'eux-mêmes les débats sur la culpabilité de Dreyfus et à révéler les incohérences de la « chose jugée ». Les philologues Paul Meyer, Émile et Auguste Molinier, Arthur Giry, puis Gabriel Séailles, Duclaux, France, Grimaux, opposent savoir à pouvoir. Avec Trarieux, ils se réunissent le 20 février pour créer une Ligue française pour la défense des droits de l'homme et du citoyen le jour où Max Régis déclare à la salle Chayne devant des antisémites : « On arrosera de sang juif l'arbre de la liberté. »

Le 16 février, des informations de sources policières, parvenues au ministère de la Guerre, font état d'un possible acquittement. Le lendemain, alors que Gonse subit une défaite devant une défense particulièrement agile, Pellieux demande à être rappelé à la barre pour condamner « la révision par une voie détournée ». Il révèle le « faux Henry », « la preuve absolue de la culpabilité de Dreyfus, absolue !, et cette preuve, je l'ai vue ! ». L'aveu écrase les débats. Le verdict, rendu le 23 février par un jury aveuglé ou terrorisé, condamne Zola et Perrenx à la peine maximale. Leurs avocats se pourvoient aussitôt en cassation pour vices de forme.

Le lendemain, à la Chambre, Méline promet la répression aux dreyfusards : « Si les armes que nous avons entre les mains ne sont pas suffisantes, nous vous en demanderons d'autres. » La Chambre vote l'affichage d'une véritable déclaration de guerre aux « ennemis intérieurs » et à ceux qui n'appliqueront pas la loi. Grimaux est mis à la retraite le 24 avril et doit quitter son laboratoire de Polytechnique. Leblois est suspendu par l'ordre des avocats.

L'impossible liquidation

Le général Billot ne cède pas à l'euphorie de la victoire et se prépare à d'éventuels changements après les élections législatives de mai 1898. Son gendre, le jeune magistrat Wattine, aide la Section pour réaliser un nouveau « dossier secret » afin de masquer les faux et les illégalités du premier et donner au successeur de Billot les moyens d'empêcher toute reprise de l'Affaire. Le « nouveau dossier » renferme 375 pièces, chacune numérotée de la main de Gonse, un sous-dossier pour les « aveux » de Dreyfus, plusieurs annexes indiquant d'autres accusations sans fondement sinon des corrélations douteuses avec d'autres affaires d'espionnage et la fausse traduction du télégramme Panizzardi. Le nouveau dossier fait l'objet d'un grand rapport rédigé par Gonse, promu en province, avant de quitter l'État-Major.

Le 2 avril, la chambre criminelle de la Cour de cassation, retenant un vice de forme, annule sans renvoi le procès Zola. Il n'était pas de la compétence du ministre de la Guerre de porter plainte *à la place* des membres du second Conseil de guerre. Ce qui est fait aussitôt. Mais la décision de la Cour de cassation montre la fragilité de la victoire arrachée le 23 février et la légalité du pouvoir judiciaire. La Cour avait pris position sur le fond, amenant une riposte immédiate de *La Libre Parole* : « Les magistrats contre l'Armée. »

Le second procès Zola est convoqué devant les assises de Seine-et-Oise pour le 23 mai. Le gouvernement prend toutes les garanties : absence de contrôle parlementaire possible puisque les élections viennent d'avoir lieu, Versailles réputée pour son ordre conservateur, un procureur général Bertrand et un président Périvier choisis parce que soumis, de grands avocats pour les membres du Conseil de guerre portés partie civile. Zola s'élève contre ces « nouvelles ignominies » (*L'Aurore*, 14 avril) et demande à faire citer Dreyfus. *Le Petit Journal* et *L'Intransigeant* lui répondent que « la révision du procès Dreyfus serait la fin de la France » (1er mai). Le procès montre une détermination comparable chez les dreyfusards. Péguy a mobilisé les étudiants pour s'opposer aux nationalistes et, dès la première audience, Labori se pourvoit en cassation, en raison du dessaisissement de la cour de la Seine. La procédure étant suspensive, les débats sont repoussés. Ils reprennent le 18 juillet, les conclusions prises par la défense ayant été rejetées par la Cour. Sur le conseil de leurs avocats, Zola et Perrenx font défaut et quittent l'audience. Le soir, Zola s'enfuit en Angleterre.

Le retrait de Zola ne signifie pas la retraite du camp dreyfusard. Malgré la double pression gouvernementale et nationaliste, l'été sourit aux dreyfusards. Leur travail d'élucidation des dossiers leur permettra d'exploiter une erreur du nouveau ministre de la Guerre, Godefroy Cavaignac, député de la Sarthe, fils du général Eugène Cavaignac responsable de la répression des « journées de juin » 1848.

Cavaignac au ministère de la Guerre. Le tournant

Le second tour des élections législatives n'a pas permis de dégager une nette majorité de gouvernement. La configuration de la Chambre évoque la précédente : elle reste largement antidreyfusarde. Les quelques députés dreyfusards ont été balayés : Joseph Reinach à Digne, Jaurès à Carmaux. Le 14 juin, les députés renversent le cabinet Méline et exigent « désormais une politique appuyée sur une majorité exclusivement républicaine ». Pour eux, elle sera antidreyfusarde. Après quinze jours de crise, inhabituelle pour le régime, le président de la Chambre, Henri Brisson, parvient à constituer un ministère de coalition plutôt ancré à gauche mais favorable aux nationalistes : Cavaignac est nommé à la Guerre. Sa volonté de rompre avec l'attitude de son prédécesseur encourage les nationalistes à l'action. La séance du 7 juillet célèbre l'alliance de Cavaignac et de la Chambre.

Dès son arrivée au ministère, le ministre de la Guerre a demandé le nouveau « dossier secret » afin de préparer un discours qu'il souhaite définitif, une réponse à une nouvelle interpellation de Castelin et à l'initiative récente de Lucie Dreyfus qui a déposé une requête en annulation de l'arrêt de 1894. Si Cavaignac s'étonne de la légèreté du chef d'État-Major, qui ne s'est pas assuré personnellement de l'authenticité des pièces, il ne les présente pas moins à plusieurs ministres dont Brisson et Sarrien, puis devant les députés. Son intervention à la Chambre comble Cavaignac au-delà de toute espérance : l'affichage est voté à l'unanimité, et Brisson s'empresse de préciser que le ministre de la Guerre a parlé « au nom du gouvernement ». Mais Cavaignac ne réalise pas la double erreur qu'il a commise. Une erreur logique d'abord : il réaffirme l'autorité de la « chose jugée » en décembre 1894, et en même temps, ce qui est contradictoire, il apporte des preuves nouvelles de la culpabilité de Dreyfus, celles du « dossier secret ». La lecture de la plus accablante, la lettre de Panizzardi *alias* le « faux Henry », est la seconde erreur, involontaire bien sûr, mais qui témoigne de cette méconnaissance profonde de l'affaire Dreyfus par Cavaignac.

Fort de son succès à la Chambre, le ministre de la Guerre poursuit son offensive. Esterhazy est déféré le 11 juillet devant un Conseil d'enquête afin de l'exclure de l'Armée. Picquart, visé par une plainte déposée le 12 juillet pour communication illégale de documents (à Leblois), est arrêté le lendemain. Zola est suspendu de son grade dans l'ordre de la Légion d'honneur le 26. Cavaignac s'est assuré le contrôle du ministère de la Justice où il a imposé son ami Sarrien, mais Brisson lui refuse l'arrestation et la comparution en Haute Cour des principaux dreyfusards. Enfin, Cavaignac réussit, par des pressions considérables, à annuler toute l'instruction du juge Bertulus qui menaçait l'édifice de la Section : la chambre des mises en accusation déclare, le 5 août 1898, Bertulus incompétent pour instruire la plainte de Picquart contre du Paty.

V / La France et la révision
(septembre 1898-septembre 1899)

Le gouvernement Brisson devant la révision (septembre 1898)

Malgré l'unanimité qui règne pour honorer la politique de Cavaignac, malgré l'intimidation pour ceux qui n'y adhèrent pas, les réactions dreyfusardes au discours du 7 juillet ne manquent pas. Jaurès constate, dans une lettre à *La Petite République*, que « la discussion est ouverte », que les aveux de Dreyfus sont fabriqués, et que le document saisi en 1896 est « le faux le plus grossier, le plus criant, venu à point pour sauver Esterhazy ». Le 9 juillet, Picquart, de prison, écrit au président du Conseil « que les deux pièces qui portaient la date de 1894 ne sauraient s'appliquer à Dreyfus et que celle qui portait la date de 1896 avait tous les caractères d'un faux ».

Ces ripostes ne font qu'accroître la détermination de Cavaignac. Mais le 13 août au soir, son officier d'ordonnance, le capitaine Cuignet, étudiant les pièces du « dossier secret », découvre à la lumière d'une lampe que la lettre de Panizzardi est un faux, un faux grossier protégé jusqu'ici parce qu'une photographie certifiée conforme le remplaçait. Henry n'avait pris garde que le quadrillage du papier utilisé par l'officier italien différait (en taille et en couleur) de celui qu'il avait lui-même choisi. Averti, Cavaignac décide de ne pas écourter les vacances d'Henry et de considérer le faux comme postérieur à la condamnation de Dreyfus : ce dernier reste bien coupable. Il ne ressent même pas le besoin d'avertir le gouvernement et maintient un véritable black-out sur cette affaire. La lutte contre les révisionnistes reste la priorité et Cavaignac multiplie les discours en province. Mais les liens de l'État-Major avec Esterhazy font surface pendant le conseil d'enquête. Du Paty est obligé de reconnaître la « collusion ». Si Esterhazy n'échappe pas à la mise en réforme, le rapport dressé par le général Zurlinden évoque le « rôle de certains officiers de l'État-Major de l'armée dans la première affaire Esterhazy ». Cette situation pousse Cavaignac à interroger enfin Henry, en présence de Gonse et de Boisdeffre, le 30 août 1898. Henry s'effondre et avoue avoir commis ce faux « dans l'intérêt de mon pays ». Boisdeffre démissionne. De Pellieux demande sa mise à la retraite et Henry est mis aux arrêts à la forteresse du Mont-Valérien. Dans la nuit, il se tranche la gorge. Cavaignac refuse de considérer ce suicide comme un fait nouveau. Dreyfus est coupable, et les faux ne changent rien. Devant l'opposition de Brisson, il démissionne le 3 septembre 1898, le jour d'une demande en révision de Lucie Dreyfus.

Le président du Conseil reprochera à Cavaignac d'avoir attendu pour interroger Henry et d'avoir tardé à l'informer. Mais lui-même agit avec lenteur puisque la question de la révision n'est posée officiellement au Conseil des ministres que le 26 septembre, presque un mois après le suicide. Il semble bien que Brisson ait beaucoup hésité, redoutant que le gouvernement n'éclate sous les divisions. Une forte offensive contre la révision y est menée. Elle préfigure les oppositions qui se dresseront, à l'extérieur du gouvernement, contre la réparation du « crime juridique ». Le général Zurlinden, gouverneur de Paris, accepte le portefeuille de la Guerre après un entretien avec le président de la République qui promet de défendre l'Armée. Dès le 12 septembre, Zurlinden menace le Conseil des ministres de démission si la procédure de révision est engagée. Le 14, il adresse au ministre de la Justice une note « sur les manœuvres employées par Picquart pour substituer à Dreyfus un autre coupable ». Le 17 septembre, il démissionne. Son successeur, le général Chanoine, commence par faire juger Picquart en Conseil de guerre. Le général Zurlinden, redevenu gouverneur de Paris, signe l'ordre d'informer le 20 septembre. Picquart est arrêté et conduit à la prison du Cherche-Midi. Son avocat, Labori, proteste auprès du procureur général impuissant contre le refus de l'autorité militaire de le laisser voir Picquart.

Pourtant, le 26 septembre, le Conseil des ministres décide, par six voix contre quatre, d'autoriser le garde des Sceaux (qui a voté contre) à saisir la Cour de cassation et à transmettre la demande en révision de Mme Dreyfus. C'est une victoire pour Théophile Delcassé qui a remplacé Hanotaux aux Affaires étrangères. Le lendemain, la Cour est officiellement saisie de l'affaire Dreyfus par le biais du procureur général. Le choix du gouvernement en faveur de la révision est confirmé par l'arrêt de la chambre criminelle. Le 29 octobre, elle déclare « la demande recevable en la forme ; dit qu'il sera procédé par elle à une instruction supplémentaire ».

L'irréversible étant arraché, le cabinet Brisson, à bout de souffle, se laisse emporter par la vague nationaliste à la Chambre. Le 25 octobre, une intervention de Paul Déroulède prépare celle du ministre de la Guerre, le général Chanoine. A la tribune et en contradiction avec tous les usages ministériels, celui-ci annonce sa démission. Celle-ci a été, semble-t-il, préméditée avec ses amis politiques nationalistes. C'est le signal d'une attaque générale contre un gouvernement suspecté de sympathie pour les dreyfusards. La confiance lui est refusée et il est contraint à la démission. Le discrédit atteint l'ensemble de l'exécutif et la cause de la révision apparaît très fragile. Le progressiste Charles Dupuy remplace Brisson le 4 novembre : en tant que président du Conseil, il avait quatre ans auparavant décidé l'arrestation de Dreyfus et couvert les agissements du général Mercier. Alors que plusieurs députés, dont Gerville-Réache et Massabuau, déposent des propositions de loi pour faire dessaisir la chambre criminelle et étouffer ainsi la procédure de révision, Dupuy se déclare prêt à exécuter les arrêts de la Cour de cassation. Mais l'État-Major s'obstine. Le 26 novembre, Picquart est renvoyé devant le deuxième Conseil de guerre de Paris.

La loi contre le droit

Avec ce coup de force de l'État-Major, la chambre criminelle connaît sa première tentative de dessaisissement. Car le Conseil de guerre, en condamnant Picquart comme l'exigent les nationalistes, renforcera le jugement de 1894 et annulera l'action de la Cour de cassation. Un socialiste (Millerand), un modéré (Poincaré) et un radical (Monis), tous trois avocats, demandent au gouvernement de surseoir à la convocation du Conseil de guerre. Dupuy tergiverse. Le sénateur Waldeck-Rousseau, lui aussi avocat, républicain de la génération politique de Scheurer, ancien membre du « grand ministère » de Gambetta, dépose, le 1er décembre 1898, un projet de loi autorisant la Cour de cassation à surseoir aux poursuites en rapport avec la procédure dont elle est saisie. Tout en se déclarant étranger à l'Affaire, il attaque sur le terrain judiciaire. Pour Pierre Sorlin, auteur d'une biographie exemplaire, ce dernier agit aussi dans un but de conciliation, afin d'éviter une crise générale au monde politique [71].

La chambre criminelle a commencé son enquête depuis le 8 novembre. Présidée par Louis Loew, un Alsacien protestant, ami de Sandherr comme du docteur Gibert, elle est composée de 13 conseillers et flanquée d'un avocat général. Siégeant dans une salle de la galerie Saint-Louis, elle a entendu ses premiers témoins. Mercier, Billot, Cavaignac, Zurlinden, Chanoine se retranchent derrière la raison d'État, ne font aucune révélation et placent les magistrats dans une impasse. Ils sont encouragés par une campagne de presse virulente lancée contre la chambre criminelle, devenue, pour *L'intransigeant* ou *La Libre Parole*, « le sanctuaire de la trahison », « l'antre de Judas », « un amalgame de la Bourse et du lupanar ». Les magistrats sont traités de « valets de la Synagogue », de « stipendiaires de l'Allemagne », de « malandrins en hermine ». Les injures redoublent lorsqu'ils requièrent, pour sortir de l'impasse, la communication du dossier secret détenu à la Section de statistique et la comparution de Picquart incarcéré et inculpé de « crime de faux ». La menace d'une guerre avec l'Allemagne est immédiatement brandie. Le 28 novembre, Raymond Poincaré intervient enfin à la Chambre. Il dénonce les manœuvres de l'État-Major pour étouffer la vérité et déclare que ceux qui savent doivent parler puisque « la juridiction compétente » est saisie. Son intervention s'achève sur l'aveu d'un bonheur, « avoir enfin libéré ma conscience ».

Le 20 décembre, en dépit d'une violente interpellation du député nationaliste Lasies, la Chambre vote le principe de la communication du dossier secret. Le gouvernement allemand déclare qu'il ne voit aucun inconvénient à sa communication. Les injures redoublent, particulièrement vives pour « Lévy-Loew », « le Prussien ». Elles s'inscrivent dans une exacerbation du nationalisme. Le 5 décembre, Georges Thiébaud déclare au nom de la Ligue des patriotes dirigée par Paul Déroulède : « S'il faut faire la guerre civile, nous la ferons ! » Et il entraîne les militants nationalistes du côté de la salle du Pré-aux-Clercs pour attaquer une réunion dreyfusarde. Le rédacteur de *L'Intransigeant*, Galli, a le bras cassé dans la bagarre. Le 8 décembre commence la souscription en faveur de la veuve du commandant Henry, organisée par *La Libre Parole*. Appelé le « Monument Henry », elle se présente comme un monument de haine antisémite

[52]. Le 31 est créée la Ligue de la patrie française qui se veut une réponse à la Ligue des droits de l'homme. Elle offre un autre visage du nationalisme, à côté de la Ligue antisémite relancée comme la Ligue des patriotes.

Les magistrats ne se laissent pourtant pas écraser. Ils réagissent sur deux plans : Picquart est écarté du Conseil de guerre par la chambre criminelle (8 décembre) et le travail d'enquête s'intensifie. Le dossier secret est analysé à partir du 30 décembre, mais le capitaine Cuignet le remporte chaque soir au ministère. Le 9 janvier 1899, Maurice Paléologue est entendu par la chambre criminelle. Paléologue est aussi un témoin qui a assisté depuis septembre 1894 aux manœuvres de la Section. Le gouvernement décide alors que le dossier diplomatique sera communiqué aux magistrats. Esterhazy lui-même, réfugié à Rotterdam, accepte, sous condition d'un sauf-conduit, de venir témoigner. Fin janvier, il révèle ses relations avec Sandherr, et se tait sur le bordereau.

Mais la contestation se déplace à l'intérieur même de la Cour de cassation. Quesnay de Beaurepaire, le président de la chambre civile, accuse le 25 décembre, dans *La Patrie* et *L'Éclair*, la chambre criminelle d'avoir partie liée avec les dreyfusards. Quesnay multiplie alors les dénonciations. Il finit par démissionner le 8 janvier 1899 en héros de la cause nationaliste. Il orchestre la campagne de presse de *L'Écho de Paris*, en coordination avec les députés nationalistes. Le garde des Sceaux demande une enquête sur les accusations de Quesnay et le remplacement de Loew par le premier président Mazeau. Ces concessions ne suffisent pas à calmer les nationalistes. Les pressions politiques finissent par aboutir. La Cour de cassation elle-même, par la voix de son premier président, demande au garde des Sceaux le dessaisissement de la chambre criminelle au profit des trois chambres réunies. La révision, à laquelle les chambres civiles et des requêtes seraient opposées, semble devenue impossible.

L'affaire Dreyfus au cœur du politique

Coup sur coup, l'Affaire touche la vie politique dans ses plus hautes prérogatives : le vote de la loi, la reconnaissance de l'autorité suprême, l'exercice du pouvoir ministériel. C'est le régime lui-même qui paraît en question.

Le gouvernement dépose son projet de loi de dessaisissement de la Cour de cassation le 28 janvier 1899 et la procédure est accélérée car la chambre criminelle est en train d'achever son enquête : il ne faut pas qu'elle puisse en tirer seule les conclusions. Les députés nationalistes, avec l'appoint décisif des progressistes et des radicaux, votent le texte le 10 février. Les discours du socialiste Millerand, du radical Pelletan sont aussi braves qu'inutiles, mais ils situent clairement l'ampleur de la forfaiture. Le projet de loi arrive au Sénat le 16 février. Le président de la République ne peut plus peser de toute son influence pour le faire adopter.

En effet, l'après-midi même, Félix Faure décède dans des circonstances qui raviront une opinion publique en mal de scandales mondains. A l'âge de 59 ans, il restait convaincu de sa prime jeunesse. Lors d'une étreinte à l'Élysée, entre deux audiences, avec Mme Steinheil, la jeune femme d'un peintre, il est frappé d'une hémorragie cérébrale et meurt dans la soirée. Tandis que *La Patrie* accuse Mme Steinheil d'être juive, Clemenceau se réjouit ouvertement de la disparition d'un antidreyfusard déclaré. Émile Loubet, président du Sénat, opportuniste et président du Conseil pendant le scandale de Panama, réputé très « républicain », se présente comme le candidat de la légalité. Les nationalistes exploitent aussitôt le thème de Panama contre Loubet. Quesnay se déchaîne dans *L'Écho de Paris*, et la Ligue de la patrie française lance de solennels avertissements par la voix de Jules Lemaître. Devant le Congrès, élu au premier tour avec 483 voix, Loubet obtient un succès inespéré. 279 voix se sont portées sur Méline et Cavaignac a échoué. Mais les nationalistes sont maîtres de la rue. Loubet est bousculé devant la gare Saint-Lazare à son retour de Versailles. Place des Pyramides, Déroulède promet « de bouter hors de France, comme Jeanne d'Arc avait fait des Anglais, une Constitution étrangère ». Le 23 février, pendant que les funérailles nationales de Félix Faure se déroulent à Notre-Dame, Déroulède, Barrès, les représentants des grandes ligues nationalistes et plusieurs centaines de militants (sur plus de 25 000 convocations) attendent place de la Nation le général de Pellieux et sa brigade. Mais ce dernier a renoncé à prêter son concours aux putschistes et il s'est fait remplacer par le général Roget. Celui-ci refuse de « sauver la France et la République ». Déroulède, lâché par le gros des troupes nationalistes, est arrêté. Le complot échoue piteusement, mais le gouvernement a laissé faire.

Celui-ci n'hésite cependant pas à profiter de ce répit dans l'agitation de la rue pour accélérer le vote de la loi de dessaisissement au Sénat. La résistance est vive à la mesure d'une loi jugée scélérate : elle viole le principe de la non-rétroactivité des lois, elle limite l'indépendance du pouvoir judiciaire et apparaît comme un encouragement aux nationalistes. Un manifeste regroupant des libéraux comme Poincaré, Jonnart, Barthou, des radicaux comme Léon Bourgeois et Pelletan, et même des socialistes comme Millerand, préfigure le regroupement des républicains. Au Sénat, pour la première fois, Waldeck-Rousseau prend position sur le fond. Le 28 février, délaissant l'aspect juridique (traité par son ami Monis) et à la suite des sénateurs Béranger et Lecomte, il dénonce « la conspiration morale » à l'intérieur du gouvernement, et dans la rue avec les ligues d'extrême droite. « Propos qui stigmatisent le gouvernement et qui disent l'inquiétude profonde des hommes attachés à la République et au droit » [69, p. 181]. Puis Waldeck-Rousseau dresse un programme de gouvernement et favorise les regroupements parlementaires.

Les incohérences gouvernementales témoignent de l'impact de l'affaire Dreyfus sur la vie politique. Dupuy minimise devant la Chambre les charges contre Déroulède et laisse la cour d'assises de la Seine acquitter les responsables (le 31 mai). Il s'engage au contraire dans une instruction générale contre l'ensemble des ligues en exhumant la législation répressive des régimes antérieurs. Des perquisitions sont opérées le 1er mars à la Ligue des droits de l'homme et à la Ligue de la patrie française.

L'arrêt du 3 juin 1899. La révision proclamée

La chambre criminelle ne s'est pas laissée disqualifier sans réagir. Le 3 mars 1899, elle a écarté définitivement Picquart de toute juridiction militaire. A l'inverse, elle ne s'émeut guère de la communication — illégale — des procès-verbaux des auditions que *Le Figaro* publie intégralement de mars à avril. L'avocat de Lucie Dreyfus, Me Mornard, les transmet à Labori. Mathieu Dreyfus et Bernard Lazare les font copier pour limiter les risques. « La publication eut un effet considérable », apprécie l'avocat et écrivain Jean-Denis Bredin dans sa grande synthèse sur *L'Affaire* [3, p. 482].

La Cour de cassation a reçu communication de l'enquête de la chambre criminelle le 27 mars et ordonne une « enquête supplémentaire ». Le 17 avril, le capitaine Freystaetter, l'un des juges du Conseil de guerre de 1894, demande à être entendu. Paléologue comparaît à plusieurs reprises au sujet du télégramme Panizzardi et, le 27 avril, a lieu une confrontation avec le commandant Cuignet. Le télégramme est à nouveau déchiffré et le délégué du ministre de la Guerre doit reconnaître qu'une fausse traduction a été utilisée. Les chambres réunies paraissent de plus en plus considérer la loi de dessaisissement comme une décision de pure forme et l'enquête de la chambre criminelle comme essentielle.

Le gouvernement se détermine lui aussi dans cette voie. Freycinet, ministre de la Guerre, est interpellé à la Chambre le 5 mai, sur la suspension du cours de Georges Duruy, fils de Victor Duruy, professeur à l'École polytechnique et auteur de plusieurs articles dans *Le Figaro* pour appeler l'« Armée » à la « Justice ». Il démissionne, et Camille Krantz lui succède dès le lendemain. Il rétablit le cours et sanctionne au contraire le commandant Cuignet pour ses communications à la presse. Les députés nationalistes soutiennent Freycinet et interpellent le gouvernement le 8 mai. Mais la Chambre vote l'ordre du jour par 444 voix contre 67. La situation reste très tendue. Déroulède est acquitté le 31 mai par la cour d'assises de la Seine. Le 2 juin, Clemenceau, dans *L'Aurore*, évoque la perspective de la « guerre civile ». Les nationalistes reçoivent le commandant Marchand, le « héros de Fachoda », le 3 juin.

L'audience solennelle de la Cour de cassation s'ouvre le 29 mai 1899. Le rapport du président Ballot-Beaupré conclut à la révision et au renvoi devant un nouveau Conseil de guerre. Suivent le réquisitoire du procureur général Manau, très incisif, et l'arrêt de révision, le 3 juin. Le jugement du Conseil de guerre de 1894 est cassé et Dreyfus est renvoyé devant le Conseil de guerre de Rennes. Contre toute attente, les magistrats des trois chambres réunies, loin d'enterrer l'Affaire, dénonce le procès de 1894. La « chose jugée » est désormais du côté des dreyfusards qui célèbrent leur victoire. La Ligue des droits de l'homme adresse un remerciement public aux « champions de Dreyfus », et Zola, rentré d'exil le lendemain, signe un article dans *L'Aurore* : « Justice ».

Parmi les antidreyfusards, la haine est extrême. « Je voudrais, écrivait Rochefort dans *L'Intransigeant* du 18 octobre 1898, qu'on fît ranger tous les magistrats de la Cour suprême en queue de cervelas, comme les détenus qui se promènent dans les maisons centrales. Puis un bourreau, bien stylé, leur couperait les paupières, et, lentement, leur viderait les orbites. Après quoi, on les exposerait place Dauphine, sur un grand pilori, avec cet écriteau : *"Voilà comment la France punit les traîtres qui la vendent à l'Allemagne !"* »

La victoire de Waldeck-Rousseau

Les antidreyfusards ont méconnu le réflexe républicain de magistrats modérés, appartenant à un corps plus démocratisé que l'Armée. Cette conscience d'un régime menacé par les violences nationalistes a certainement joué dans l'arrêt du 3 juin. Dreyfus incarne une République à défendre. Le 4 juin a lieu le scandale d'Auteuil : le président Loubet qui assiste aux courses est agressé par un groupe d'antidreyfusards déchaînés qui profitent de la complaisance des forces de l'ordre. Celles-ci repoussent en revanche avec violence la manifestation républicaine organisée à Longchamp le 11 juin. *La Libre Parole* appelle l'Armée « à la révolte ». Dupuy se décide à réagir et fait juger le baron de Christiani qui avait frappé Émile Loubet d'un coup de canne. Une lettre du ministre de la Justice, le 5 juin, annonce sa volonté de mettre en accusation le général Mercier. Les nationalistes réagissent par une pétition nationale. « Mais c'en était trop ! La partialité de plus en plus grande du gouvernement de Charles Dupuy en faveur des nationalistes qui ressemblaient eux-mêmes de plus en plus à des factieux, entraîne la défection d'une partie de sa majorité » [24, p. 159]. Le gouvernement démissionne le 12 juin, à la suite d'un ordre du jour déclarant que la Chambre est résolue à ne soutenir qu'un gouvernement décidé à défendre avec énergie les institutions républicaines. Un ensemble croissant de députés est décidé à s'opposer aux menaces contre la République, et la chute du cabinet Dupuy ouvre une crise grave. Jusqu'au 22 juin, des combinaisons ministérielles échouent, mais une majorité nouvelle se dégage à la Chambre. Poincaré, appelé par Loubet, se dérobe. Waldeck-Rousseau, qui s'est donné depuis plusieurs mois une image de républicain intransigeant, s'impose comme l'homme de cette nouvelle majorité de « Défense républicaine ». S'il renonce le 19 juin, c'est pour mieux réussir le 22 et définitivement écarter des progressistes hésitants ou compromis avec les nationalistes.

Pierre Sorlin a souligné ce retour très symbolique de la vieille génération républicaine, qui a connu 1848, le « grand ministère » Gambetta, Ferry, et la tentative de coup d'État contre la République le 16 mai 1877. Waldeck-Rousseau est investi (pour près de trois ans) à la tête d'un gouvernement subtilement et fermement composé. Delcassé et Leygues assurent seuls la continuité avec l'ancien cabinet. Le ministère de la Guerre est confié au général en retraite de Galliffet, gambettiste, apprécié par les hommes d'ordre. Cette combinaison est audacieuse. Les républicains de gauche sont « l'axe du gouvernement » qui voit la participation de trois radicaux-socialistes et l'apparition du jeune et brillant Joseph Caillaux. La présence d'un socialiste qui s'est illustré dans la résistance à la loi de dessaisissement, Alexandre Millerand, est acceptée par Jaurès et une grande partie des socialistes. Monis détient le portefeuille de la Justice et Waldeck-Rousseau s'adjoint le ministère de l'Intérieur et des Cultes. Il a refusé les négociations traditionnelles à toute formation de gouvernement. A l'intérieur, il domine ses ministres et vérifie leurs discours, sauf pour Galliffet.

Waldeck-Rousseau est soutenu par la presse libérale et radicale, bien au-delà des journaux dreyfusards. Sa position de fermeté lui fait gagner l'investiture au Sénat. A la Chambre, le 22 juin, Brisson lance un signal de détresse aux francs-maçons en croisant les mains. Il oblige les députés radicaux en majorité maçons à sauver la République en soutenant Waldeck-Rousseau. L'extrémité à laquelle est contraint Brisson avec des députés radicaux considérés « à gauche » montre que l'affaire Dreyfus ne recoupe pas l'affrontement politique gauche-droite. Ce n'est qu'ensuite que l'Affaire prendra place dans le « légendaire » de gauche, selon une expression de Raoul Girardet [88]. Pour le moment, les républicains modérés, et non les radicaux, sont le pivot de cette nouvelle majorité de Défense républicaine.

L'affaire Dreyfus et la Défense républicaine

Waldeck-Rousseau se veut l'homme de la situation et de la résolution de la crise. Il fait de l'achèvement de l'affaire Dreyfus un élément de sa politique de Défense républicaine, mais non son but. Les moyens qu'il se donne en témoignent. Les sanctions et mutations qu'il exige de ses ministres obéissent à la nécessité de contrôler l'État républicain. Le parquet est repris en main. Le procureur général Bertrand et le procureur Feuilloley (p. 48) sont remplacés. Pour l'Armée, il laisse agir le général de Galliffet. Celui-ci ordonne la neutralité et déplace plusieurs généraux : Roget, de Pellieux, Zurlinden. Mais aucun des militaires directement mêlé à l'Affaire n'est touché. Mercier n'est pas inquiété.

Ayant renforcé l'État, Waldeck-Rousseau s'attaque au nationalisme révélé par l'Affaire. Lépine, rappelé à la tête de la préfecture de police, est chargé d'une enquête sur les responsabilités des manifestations d'Auteuil et de Reuilly. Il ne peut qu'adresser au président du Conseil des rapports d'agents alarmistes évoquant une prise de pouvoir prochaine. Mais ces documents mineurs font effet au Conseil des ministres qui, le 10 août, autorise l'arrestation de 37 personnalités nationalistes (Déroulède, intercepté à l'heure du laitier le 12 août dans sa villa de Croissy-sur-Seine, André Buffet...) et la comparution de 17 inculpés devant la Haute Cour. Pourtant, le 24 septembre, le sénateur Bérenger, qui préside l'instruction, fait savoir au gouvernement l'inanité des charges. Waldeck-Rousseau fait alors parvenir un rapport écrit par le commissaire Hennion, rapport présenté comme ayant motivé les poursuites. Waldeck le fait remonter au « 4 août ». En réalité, il date de fin septembre !

Deux raisons justifient ces manœuvres. Les Ligues, organisations factieuses et antirépublicaines, représentent un danger pour le régime. Et Waldeck-Rousseau s'attend, dans le cas de l'acquittement de Dreyfus, à un déchaînement de violences nationalistes. La répression nécessaire donnera l'impression d'une vengeance qui peut secouer le corps social. En anticipant, Waldeck-Rousseau évite ce risque. L'affaire Dreyfus n'est bien qu'un élément de sa Défense républicaine.

Le procès de Rennes (août-septembre 1899)

Le 9 juin, Dreyfus avait quitté l'île du Diable à bord du *Sfax*. Le même jour, la chambre des mises en accusation ordonne la libération de Picquart et rend un non-lieu le 13 juin. Le 30 juin, Dreyfus débarque à Port-Haliguen près de Quiberon. Il est transporté de nuit à Rennes.

Waldeck-Rousseau fait pression sur ses amis dreyfusards pour obtenir l'apaisement pendant le procès. Galliffet est si certain de l'acquittement qu'il laisse le commissaire du gouvernement plaider la culpabilité de Dreyfus. Le procès est ouvert le 7 août. Le Conseil de guerre est présidé par le colonel Jouaust et ne comprend que des artilleurs, tous polytechniciens. La salle des fêtes du lycée a été choisie en raison de la proximité de la prison militaire et de l'importance du public attendu. De rares huis-clos sont prévus, comme lors de la présentation du dossier secret, par les représentants du gouvernement, le général Chamoin et Maurice Paléologue.

Jean-Denis Bredin a jugé les dreyfusards : « Hésitant entre plusieurs stratégies, la défense n'en choisit aucune » [3, p. 508]. Demange et la famille Dreyfus jouent la carte du gouvernement, en considérant que la Cour de cassation a énoncé des conclusions « acquises et définitives » qui s'imposent au Conseil de guerre. Au contraire, Labori, Clemenceau, Picquart veulent contraindre les juges à reconnaître publiquement ces conclusions et à désavouer solennellement leurs pairs de 1894. Dreyfus, de sa cellule, tente d'éviter les ruptures. Mais le procès, somme toute, a été mal préparé par les dreyfusards, surtout si l'on compare avec celui de Zola. Seuls 20 témoins sont cités. La fraternité du moment détourne les dreyfusards du travail juridique et de la vigilance politique. Les nationalistes sont en revanche plus efficaces. L'avocat nationaliste Auffray est le conseil juridique du commissaire du gouvernement. L'accusation, en citant 70 témoins, montre qu'elle choisit de ne pas suivre la Cour de cassation. Le refus d'Esterhazy de venir à Rennes représente un atout supplémentaire. Enfin, l'ancien État-Major joue la solidarité des officiers et la carte d'un « grand secret » qu'il est seul à connaître pour occuper un terrain qui lui est par avance favorable. Le Conseil de guerre n'hésite guère entre sa fonction judiciaire et son appartenance militaire.

Les généraux Mercier, Billot, Chanoine, Zurlinden, anciens ministres de la Guerre comme Cavaignac, lui aussi témoin, le général Roget, le commandant Cuignet, le général de Boisdeffre, ancien chef d'État-Major, et son adjoint le général Gonse se succèdent à la barre et affirment tous la culpabilité de Dreyfus et l'innocence d'Esterhazy. Leur nombre, leur grade, leurs fonctions passées laissent entendre que c'est l'Armée qui parle. Les officiers légalistes sont peu nombreux, mal utilisés par la défense et contrés par leurs collègues du Conseil de guerre. Picquart, en civil, accuse le coup de la prison et des calomnies. Les civils ne parviennent pas à rétablir la situation malgré l'avantage pris, le 14 août, par Casimir-Perier dans son affrontement avec Mercier au sujet de la légendaire « nuit historique » (où l'Europe devait entrer en guerre). La légende des aveux est même rappelée, ce qui relève, avec l'arrêt de révision du 3 juin, de l'illégalité.

Face à cette dérive judiciaire, le gouvernement répond par ce qui ressemble à une dérive politique. Croyant jouer la carte de l'objectivité, il maintient sa confiance à des hommes comme Chamoin ou Paléologue pour qui Dreyfus doit être condamné. De plus, Chamoin accepte d'introduire dans le dossier secret qu'il présente à huis clos les 8 et 9 août une pièce que lui a fournie Mercier (une nouvelle fausse traduction du télégramme Panizzardi). Averti par Stock, l'éditeur,

Waldeck-Rousseau refuse pourtant de sanctionner Chamoin car Galliffet menace de démissionner. La lutte contre les nationalistes ne va pas jusqu'à exiger des garanties de justice pour Dreyfus. Ce qui se passe à Rennes devient presque secondaire. L'attentat perpétré contre Labori, qui est atteint d'un coup de revolver le 14 août sur les quais de la Vilaine, est à peine pris au sérieux.

Cette dérive judiciaire et politique finit par désespérer même les plus déterminés des dreyfusards, et diviser les autres. La défense devient incohérente. Labori et Demange s'affrontent en pleine audience et certains regrettent que Labori, blessé, ne puisse s'opposer à Mercier et démontrer la stratégie de l'État-Major. La famille Dreyfus temporise. Au nom de Waldeck-Rousseau, Reinach, aidé de Zola et de Jaurès, demande à Labori de s'abstenir dans la plaidoirie finale pour ne pas heurter l'Armée dans son évolution vers l'acquittement. Demange seul parlera. Les plus lucides réalisent déjà qu'un marché de dupes vient de se conclure : les dreyfusards ont accepté de jouer la conciliation, de ne pas porter l'accusation sur un État-Major pourtant coupable, de s'en tenir à l'acquittement d'Esterhazy parce que le gouvernement leur promet à tort la même modération du côté des militaires. Pour Jaurès, « il ne restait plus à la France, contre l'irrémédiable chute morale et l'abêtissement définitif, d'autre ressource que la révolution ».

Le verdict, la grâce, la liberté

Le verdict ne fait plus de doute. Le 8 septembre 1899, le commissaire du gouvernement, Carrière, voulant montrer qu'il est un procureur avant d'être le représentant du gouvernement, déclare que Dreyfus est coupable. Conformément au choix des dreyfusards et aux pressions de Waldeck-Rousseau, Demange plaide, ménage l'Armée, avoue même comprendre les officiers qui ont fabriqué et couvert la culpabilité de Dreyfus. Il demande, au terme de cinq heures de plaidoirie, l'acquittement pour le « doute dans votre conscience ». Le commissaire du gouvernement réplique à cette plaidoirie de cinq heures en lisant un texte préparé par le nationaliste Auffray.

L'Armée, par la voix du président et « au nom du peuple français », reconnaît Dreyfus coupable en lui accordant les circonstances atténuantes. Il est condamné à dix ans de prison et à nouveau à la dégradation. Labori avertit Dreyfus, le code de justice militaire interdisant sa présence à la lecture du jugement. Certains nationalistes triomphent. Barrès célèbre en Mercier et Roger les « magnifiques exemples de claire raison française » et souligne la défaite des « étrangers de l'intérieur et de l'extérieur ». Les dreyfusards sont effondrés. Ils réagissent par une nouvelle « Pétition pour Dreyfus » le 17 septembre (L'Aurore, Le Siècle).

Ce « verdict absurde » [3, p. 544] comporte pourtant une logique. Il donne raison au dreyfusisme et désigne une solution pour Dreyfus. Les circonstances atténuantes répondent à une logique d'apaisement. En cela le verdict est habile : le Conseil de guerre affirme implicitement l'innocence de Dreyfus (comment peut-on trahir avec des circonstances atténuantes ?) tout en conservant à l'Armée un indispensable honneur en vue d'accomplir la mission sacrée. Il répond en cela au vœu de nombreux modérés favorables à Dreyfus (les dreyfusiens, p. 83) hantés par le risque de guerre civile. Le verdict donne par ailleurs raison aux intellectuels dreyfusards en montrant que le véritable débat n'oppose pas l'Armée à la justice, mais le pouvoir au savoir, une société fermée à une société ouverte. Beaucoup de républicains ne voient dans le procès de Rennes que l'occasion de l'apaisement, et le verdict n'importe guère. A l'inverse, il s'est trouvé dans l'Armée, au sein du Conseil de guerre, deux officiers supérieurs pour voter l'acquittement. Le président et le commandant de Bréon ont fait découler leur décision de leur compréhension de l'Affaire acquise tout au long du procès. Ils ont refusé de suivre l'autorité de tout un État-Major et ont résisté aux pressions exercées contre eux. Si le commandement militaire et la notion de justice militaire sortent affaiblis du procès de Rennes, en revanche, la preuve est faite par l'exemple des deux officiers du Conseil de guerre que l'exigence critique et démocratique est possible dans l'Armée.

Le verdict, enfin, dégage une solution pour Dreyfus : le pardon, auquel se résignent les dreyfusards et que choisit Waldeck-Rousseau pour mettre un terme à l'Affaire. Le 10 septembre, le Conseil de guerre se réunit et demande que Dreyfus ne subisse pas l'épreuve de la dégradation. Le même jour, Waldeck-Rousseau reçoit l'avocat de Dreyfus à la Cour de cassation, Me Mornard, pour trouver un moyen de réhabiliter Dreyfus sans condamner l'Armée. Galliffet avait en effet averti le président du Conseil des risques graves que pouvait revêtir un pourvoi en cassation contre le Conseil de guerre (pour violation de la loi par excès de pouvoir). La solution de la grâce présidentielle commence à s'imposer chez

Waldeck-Rousseau comme chez les dreyfusards. Elle se veut un acte d'apaisement autant qu'une riposte républicaine au verdict militaire. Chacun y trouvera la signification qui lui convient.

Le 11 septembre, Joseph Reinach avertit Waldeck-Rousseau et lui demande la « grâce immédiate ». Mais le recours en révision déposé par Dreyfus empêche une telle mesure, si bien que la grâce présidentielle implique une initiative préalable du condamné : « une nouvelle humiliation », disent Jaurès et Clemenceau. Le soir, Mathieu Dreyfus est au ministère du Commerce en compagnie de Millerand et de Joseph Reinach qui le supplient de demander à son frère ce sacrifice. Il en appelle à Jaurès et Clemenceau, qui les rejoignent au ministère, et qui se rangent finalement à la solution gouvernementale. Mathieu Dreyfus part aussitôt pour Rennes et parvient à persuader son frère qui retire son recours. Mais le président de la République, soutenu par Delcassé, demande alors un délai afin de ménager l'Armée. Waldeck-Rousseau et Millerand menacent de démissionner, puis accordent à Loubet un prétexte à l'exercice de son droit régalien : l'état de santé de Dreyfus, jugé par le docteur Delbet incompatible avec la détention. Le 19 septembre, Loubet signe le décret de grâce au Conseil des ministres. Dreyfus, libre, arrive le 21 septembre à Carpentras, chez son beau-frère Valabrègue. Il y a plus de quatre ans, celui-ci était parti à Nîmes chercher le premier dreyfusard, Bernard Lazare. L'Affaire commençait.

L'amnistie comme pensée politique

En 1905, Reinach accusa Waldeck-Rousseau d'avoir cédé à l'Armée et de s'être défié de la Cour de cassation. Waldeck-Rousseau a surtout voulu profiter de la relative modération des nationalistes dont l'attitude tranchait avec leurs alliés antisémites. Ils reconnaissent les qualités d'apaisement du verdict. Le succès leur suffit. L'absence de réactions en province, sauf dans le Sud et le Sud-Ouest, favorise la solution choisie par Waldeck-Rousseau.

« Son action fut au plus haut degré *politique* [...] Waldeck-Rousseau, très consciemment, imposa à Dreyfus de retirer son pourvoi en révision, non pour sortir d'un imbroglio juridique, mais pour le forcer à *paraître* accepter le verdict de Rennes », écrit l'historien Pierre Vidal-Naquet [51, p. 136]. La grâce pour un seul homme ouvre la voie à toute une politique, celle de l'amnistie et de la préservation du corps social. La défense de la République passe par l'apaisement et l'extinction de la crise dans laquelle prospère le nationalisme. L'insurgé du « fort Chabrol », le patron de l'éphémère Ligue antisémite retranché dans l'immeuble de la gare de l'Est depuis le mois d'août, Jules Guérin, se rend à la police le 20 septembre dans l'indifférence générale. Waldeck-Rousseau poursuit la liquidation. Il laisse faire une initiative inacceptable de Galliffet qui, le 21 septembre, signe un ordre du jour à l'Armée commençant par : « L'incident est clos ! », et justifiant la grâce présidentielle par « un sentiment de grande pitié ». Mais le ministre de la Guerre prépare en réalité la prochaine loi d'amnistie, amnistie qu'il a déjà promise aux militaires.

« Vieille technique, au demeurant, que celle de l'amnistie, installant ''l'oubli dans la cité'' » [51, p. 95]. L'opinion se tourne déjà vers d'autres faits saillants : les péripéties du procès en Haute Cour de Déroulède et, surtout, l'Exposition universelle de 1900. Le Parlement recherche aussi cette issue, si bien que Waldeck-Rousseau peut compter sur une majorité renforcée. Le 17 novembre, il dépose un projet de loi d'amnistie générale pour toutes les procédures judiciaires rattachées à l'affaire Dreyfus. Les dreyfusards dénoncent « l'infamie », mais la loi est votée le 2 juin au Sénat, le 18 décembre à la Chambre. Entre-temps, Galliffet, lassé du gouvernement, démissionne le 28 mai. Il impose son successeur, un polytechnicien républicain peu connu, le général André. Le pays se passionne désormais pour l'Exposition universelle et oublie l'Affaire, au point que *L'Intransigeant* échoue à la relancer en décembre 1900. Clemenceau dans *L'Aurore*, Péguy par *Notre Jeunesse* [17] constatent la fin de l'Affaire. Le 22 mai 1900, Waldeck-Rousseau peut déclarer à la Chambre : « Il n'y a plus d'affaire Dreyfus. »

Le 19 novembre 1899, un grand défilé célèbre l'inauguration du *Triomphe de la République*, « cette Marianne à la fois altière et belle » [24, p. 163]. Le sculpteur Jules Dalou, républicain et communard, a mis vingt ans pour réaliser cet énorme monument qui trône place de la Nation. Le gouvernement, les corps constitués, mais aussi les groupements populaires, les associations professionnelles, les syndicats, et 4 000 francs-maçons en tablier défilent devant une foule en fête, un Paris populaire et ouvrier. Le contraste est vif entre les aspirations fraternelles et socialistes exprimées dans cette cérémonie républicaine, et la politique d'apaisement de Waldeck-Rousseau.

VI / Politique, État et pouvoirs devant l'Affaire

Éclatement et rénovation des forces politiques

La majorité parlementaire « progressiste » forgée aux élections de 1893, confirmée dans celles de 1898, a éclaté dans l'Affaire. Sa disparition en 1899 conduit à une rénovation des forces politiques autour de la gauche républicaine et à la mise en œuvre en 1900 d'une politique *dreyfusienne* : républicaniser la France et lutter contre le nationalisme autoritaire révélé par l'affaire Dreyfus.

L'Affaire a libéré et transformé les forces nationalistes. Grâce à quelques députés déterminés, elles ont dominé rapidement les débats parlementaires, surtout à la Chambre où la majorité progressiste a été systématiquement débordée. Elle crut trouver une parade en se rapprochant de la droite conservatrice, catholique et monarchiste, et en menant une politique de répression contre les dreyfusards. Considérés comme une menace pour l'ordre social, ces derniers connaissent les brutalités policières et les révocations administratives contre lesquelles s'élève la nouvelle Ligue des droits de l'homme. L'expérience, par des dreyfusards bien nés, des violences que connaissent les ouvriers en grève de Fourmies ou de Carmaux contribue à cette ouverture sociale des élites qui caractérise le dreyfusisme (p. 83). Une distance critique, une méfiance profonde naissent à l'égard d'un monde politique bourgeois préférant se tourner vers une droite conservatrice qui lui est bien plus étrangère que beaucoup de ces dreyfusards modérés ou de ces futurs intellectuels libéraux. La droite antirépublicaine intègre de fait la majorité parlementaire avec le gouvernement Méline d'avril 1896 tandis que les radicaux se divisent entre leur appartenance à la gauche, leurs tendances nationalistes et la crainte de la « question sociale ». Malgré des alliances clairement signifiées et une opposition déclarée aux dreyfusards, les gouvernements progressistes des années 1896-1898 révèlent leur incapacité à maîtriser le développement de l'affaire Dreyfus, laissant le champ libre à une opposition extra-parlementaire de droite. Elle associe nationalisme, antisémitisme, antirépublicanisme et/ou antiparlementarisme, sous des formes diverses : ligues, presse, manifestations, assassinats (en Algérie)...

Les radicaux, trop divisés, laissent échapper leur chance dans le ministère Brisson (juin-octobre 1898). Ils se résignent alors à soutenir Waldeck-Rousseau et à accepter l'entrée des socialistes au gouvernement. Le 22 juin 1899, la majorité de Défense républicaine consacre l'éclatement des « républicains de gouvernement ». Elle marque le désaveu infligé à un personnel politique qui se disait « progressiste », et elle montre le sursaut d'un gambettisme rejetant hors de la cité une droite conservatrice confondue avec l'antirépublicanisme et les antidreyfusards.

La mutation intellectuelle du socialisme

Le problème de la participation socialiste au gouvernement Waldeck-Rousseau rajoute aux divisions d'un mouvement à peine représenté à la Chambre par quarante députés. Si Millerand, qui n'est guère représentatif du mouvement ouvrier, est devenu dreyfusard à la suite de la découverte du « faux Henry », en revanche, les guesdistes font le chemin inverse : après avoir salué « J'accuse », ils votent l'affichage du discours de Cavaignac. Jaurès, pour sa part, ne s'engage qu'avec retard, en décembre 1897. Il est isolé parmi les « socialistes indépendants » et considère avec un certain dégoût les « dreyfusards de la veille ». La position guesdiste du renvoi dos à dos « des factions rivales de la classe bourgeoise » réunit les parlementaires socialistes dans le Manifeste du 20 janvier 1898 : les « opportunistes et les cléricaux [...] sont d'accord pour duper et mater la démocratie. Entre Reinach et de Mun, gardez votre liberté entière ! ».

Jaurès a signé ce Manifeste, mais il a déjà fait son choix sous l'influence de Lucien Herr : Dreyfus est « l'humanité elle-même ». Son engagement dreyfusard et les importantes justifications qu'il en donne (comme au procès Zola) obligent le socialisme à confronter justice et lutte des classes, individu et État, fraternité et antisémitisme, République et révolution. La rencontre, dans les luttes dreyfusardes, avec des anarchistes (Bernard Lazare, Sébastien Faure), des grands bourgeois (Émile Duclaux, Louis Havet) et des figures protestantes (Ferdinand Buisson, Francis de Pressensé) introduit les socialistes dans la cité. Beaucoup se maintiennent cependant dans une position de rupture comme les guesdistes. Mais les allemanistes du Parti ouvrier socialiste révolutionnaire se mobilisent très tôt, bénéficiant de leur double composante ouvrière et intellectuelle : Lucien Herr et Charles Andler (p. 38) sont à la pointe du combat socialiste dans l'affaire Dreyfus. Ils séduisent de nombreux intellectuels et portent Jaurès vers un engagement dreyfusard exceptionnel et un destin de rassembleur socialiste.

Sans perdre de sa capacité militante, le socialisme français découvre dans la République un avenir possible. En 1902, naissent deux partis qui reproduisent les choix dans l'affaire Dreyfus : le Parti socialiste de France, de tradition guesdiste et vaillantiste, et le Parti socialiste français qui rassemblent les jaurésistes. Tous deux se fondent en 1905 dans la section française de l'Internationale ouvrière.

La transformation du personnel politique

La rénovation politique opérée en cours de législature n'a pas seulement des conséquences parlementaires. Elle traduit le passage à la démocratie laïque et républicaine de couches moyennes jusque-là peu politisées. Elle annonce aussi une transformation du personnel politique et la fin de la République des fondateurs assumée par l'un d'entre eux, Waldeck-Rousseau. Georges Sorel a analysé en 1909, dans *La Révolution dreyfusienne*, « la disparition de l'aristocratie républicaine » [76]. L'âge d'or des fondateurs est achevé, et l'intervention solitaire de Scheurer-Kestner renvoie par contraste à l'absence des figures historiques de la République. Le personnel politique se professionnalise, devient *politique*.

Le Parti républicain, radical et radical-socialiste naît officiellement le 23 juin 1901. Il rassemble trois composantes, les radicaux-socialistes, la gauche radicale et l'Union progressiste. Premier parti politique moderne en France, conçu comme une machine électorale devant rassembler tous les « républicains » aux élections de 1902, il reçoit une structure permanente : 1 132 délégués représentant 201 députés, 78 sénateurs, 155 loges, 849 maires, conseillers... Il s'appuie sur certains réseaux dreyfusards et une presse puissante implantée en province [68].

Les élections d'avril et mai 1902 donnent la victoire à la coalition de gauche qui remporte 370 sièges (contre 220 à la droite). Surtout, elles démontrent le rôle de la « discipline républicaine » assurant le succès des candidats au second tour, et l'impact du parti radical qui gagne 200 circonscriptions contre 48 à des socialistes divisés et une centaine aux « amis de Waldeck ». Pour la première fois, les élections ne se sont pas faites sur la forme du régime ou sur de vagues programmes théoriques, mais, comme en Angleterre, sur la politique gouvernementale menée par Waldeck-Rousseau.

Une politique dreyfusienne

Waldeck-Rousseau n'a pas accédé au pouvoir pour réhabiliter Dreyfus, mais pour mettre fin à la crise nationaliste qui menaçait la stabilité politique, le corps social et l'unité nationale. L'Affaire liquidée par la grâce et l'amnistie, Waldeck-Rousseau s'attaque indirectement aux antidreyfusards. Il lutte contre le nationalisme en renforçant l'État : les fonctionnaires ayant révélé leur incompétence subissent des mutations ou des mises à la retraite (du Paty, qui se rachètera en 1914, Cuignet...). Les liens avec la Chambre sont renforcés pour contrer l'antiparlementarisme. L'affaire Dreyfus a libéré l'inquiétude des républicains envers une « invasion cléricale » dénoncée en 1898 par Ranc, Scheurer-Kestner, Brisson ou Trarieux. Ils lisent une volonté des forces de l'Église de prendre le contrôle de l'administration puisqu'elles en sont incapables en passant par le suffrage. Waldeck-Rousseau souscrit à cette inquiétude et observe les liens entre les congrégations religieuses et les antidreyfusards fanatiques. La religion doit se limiter à la sphère du privé, pose Waldeck-Rousseau, qui demande au Parlement de l'autoriser à exercer des poursuites contre les assomptionnistes dont les *Croix* sont les « *Grands Magasins* de la presse et des élections ». Un projet de loi sur les contrats d'association est déposé le 14 novembre 1899, mais Waldeck ne va pas jusqu'à interdire l'enseignement aux congrégations.

La loi sur les associations du 2 juillet 1901 veut tout à la fois compléter la législation sur les syndicats (« loi Waldeck-Rousseau » de 1884) et réduire l'influence sociale de l'Église en excluant les congrégations non autorisées du droit commun. Mais cette loi donne une possibilité et un avenir à un mouvement profond que l'Affaire avait confusément révélé : le besoin de réunion, la recherche d'association, l'instauration de comités, comme le Comité catholique pour la défense du droit regroupant des catholiques dreyfusards à l'initiative de l'historien Paul Viollet [99].

Le versant social de cette politique dreyfusienne tient dans les réformes de Millerand au ministère du Commerce, dont la création d'une Direction du travail, contrepoint nécessaire à la toute-puissance du patronat. Waldeck-Rousseau prône le dialogue avec les ouvriers, garantit le droit de grève, soutient les syndicats dans leur modération.

Le 3 juin 1902, après avoir mené le Bloc des gauches à la victoire, Waldeck-Rousseau se retire. Émile Combes, ancien séminariste, médecin, sénateur radical, lui succède. Il va poursuivre jusqu'à son terme, et parfois jusqu'à l'excès (l'« affaire des Fiches » pour les officiers en 1904), le renforcement de l'État républicain, la politique anticléricale conduisant à la séparation de l'Église et de l'État, l'ouverture républicaine par l'école, la démocratisation de l'Armée par la loi de 1905..., des conditions également favorables à une réhabilitation du capitaine Dreyfus.

Certains dreyfusards ont accusé Waldeck d'avoir trahi Dreyfus, de l'avoir utilisé aux fins de sa propre politique. L'amnistie peut certes passer pour une compromission. Mais Waldeck, par des réformes pragmatiques et ambitieuses, a transformé les pratiques sociales et intellectuelles. Il a ainsi combattu les conditions qui ont produit l'affaire Dreyfus. Il a rendu moins inévitables d'autres affaires, d'autres déportations. Il a retiré un peu de déterminisme à l'histoire et donné plus de liberté à la cité républicaine.

La démission gouvernementale

Les différents gouvernements et présidents de la République savaient que Dreyfus était innocent. En novembre 1894, Casimir-Perier fait part de ses doutes à Paléologue, reconnaissant la légende des aveux de Dreyfus. Le journal de Félix Faure, conservé aux Archives nationales, devrait pouvoir confirmer l'hypothèse que nous avançons, celle de gouvernements sachant en 1896-1897 Dreyfus innocent, mais acceptant de se taire*. Voir tout un personnel politique se résigner au silence, puis au mensonge reste une énigme. C'est peut-

---

* Les héritiers de Félix Faure ont malheureusement *réservé* l'exclusivité de ce document à une unique personne, pratique contraire à tous les usages relatifs aux archives privées déposées à la Direction des Archives de France.

être la seule énigme de l'affaire Dreyfus, mais elle n'appelle pas de révélations fracassantes.

Sauf pour quelques ministres antisémites qui considèrent que le juif Dreyfus est à sa place à l'île du Diable, la réponse pour les autres découle de leur impossibilité à affronter une crise institutionnelle. La République parlementaire se révèle incapable de promouvoir des hommes d'État dotés de sens critique, de rigueur intellectuelle, d'esprit public. L'affaire Dreyfus a révélé qu'on ne s'improvise pas « républicain de gouvernement ». Bien des responsables politiques se sont contentés d'axiomes simples comme la protection systématique des services de renseignements et l'infaillibilité de l'Armée. Les différents ministères faisaient jouer la solidarité avec les décisions prises antérieurement. Paralysie des cabinets et inertie des titulaires se conjuguaient pour rejeter les responsabilités nécessaires. Enfin, pour les plus lucides s'imposait une réalité, celle de la paix intérieure et extérieure, dont ils étaient chargés, et qui valait bien une injustice.

Même dans le cas extrême d'une menace de guerre, la légalité républicaine voulait que le ministre de la Guerre tienne informé en permanence le président du Conseil, auquel il était soumis, et le Conseil de guerre. La résignation du pouvoir civil au *coup d'État* de Mercier en 1894, arrachant la solidarité gouvernementale dans une affaire dont il ne révèle rien, a brouillé les responsabilités de manière irréparable. Mercier a systématiquement détruit tous les canaux possibles d'information. Il a continué à manipuler l'Affaire après son départ de la rue Saint-Dominique, à deux reprises au moins (p. 61). Sa responsabilité est considérable.

Rationalités et responsabilités militaires

Le général Mercier n'a jamais varié sur la culpabilité de Dreyfus, auteur du bordereau, acteur d'une trahison individuelle. Son rôle dans l'Affaire est doublement intéressant, en raison du système de dissimulation des faits dont il tient les fils et parce qu'il éclaire la pratique d'un pouvoir administratif, d'un corps professionnel et d'un groupe social comme l'État-Major, identifié au ministère de la Guerre. Longtemps, l'État-Major a été accusé d'avoir mené un complot contre les juifs et la République qui leur avait donné la citoyenneté. D'autres analyses ont insisté sur le rôle principal des officiers de la Section, du Paty, Henry, livrés à eux-mêmes dans une affaire beaucoup trop sérieuse pour être laissée à des subalternes limités et dépassés dès qu'il ne s'agissait plus d'espionnage mais de justice. L'État-Major ne serait coupable que de négligence. La personnalité d'Esterhazy — traître, agent double, escroc, proxénète — et son rôle d'histrion de l'Affaire ont fait écrire beaucoup de (mauvaises) pages. Leur seul résultat est de réhabiliter un État-Major largement compromis, de réduire l'Affaire à une histoire d'espionnage militaire, et de laisser croire que l'histoire contemporaine se résume à élaborer une énième version de la vérité sur l'Affaire. Le seul intérêt de l'histoire technique de l'Affaire est de pouvoir confronter l'engrenage des faits — à l'intérieur de l'État-Major — avec les décisions politiques, les positions intellectuelles et les représentations du corps social : Mercier, élu sénateur inamovible en janvier 1900, déclarait ainsi qu'il faut « arracher notre pays aux sans-patrie ». La relation de la Cité avec la Guerre donne, profondément, la raison de l'Affaire.

C'est pourquoi l'histoire militaire *seule* est incapable de rendre compte de l'Affaire. Le manque de distance, la tentation d'autojustifier sa spécialité la rendent impraticable ainsi que le révèle une thèse avancée en 1987 par Jean Doise. Elle affirme l'existence, à l'été 1894, d'un plan français d'intoxication des services allemands sur le canon de 120 court afin de protéger la mise au point secrète du canon de 75 et d'éviter la guerre préventive que l'Allemagne aurait décidée au cas où la France réarmerait massivement. Esterhazy est l'agent du « service de renseignement » chargé d'« intoxiquer » l'attaché militaire allemand. Mais une « lettre d'Alsace » expédiée à Sandherr oblige la Section à intercepter Dreyfus. Pour ne pas dévoiler le plan d'intoxication, l'État-Major doit poursuivre et faire condamner Dreyfus [58, p. 120]. La lecture des documents militaires présents notamment dans la sous-série BB19 des Archives nationales (p. 119), ou l'analyse des dépositions d'officiers devant les différents Conseils de guerre, au procès Zola, devant la Cour de cassation, témoignent d'un mélange de bureaucratie bornée et d'incompétence inavouée, bien loin d'une pratique planifiée et ambitieuse de l'espionnage. Aucune source directe n'atteste la thèse de Jean Doise. Aucun historien ne l'a envisagée. Si la « collusion » a bien existé entre Henry et Esterhazy, elle est postérieure à la condamnation de Dreyfus et destinée à maintenir sa culpabilité. En 1894, les renseignements que livre Esterhazy à Schwartzkoppen sont d'une fiabilité si douteuse qu'il est obligé de vérifier auprès d'officiers qu'il connaît à peine (on voit mal un agent d'intoxication faire cela)*.

L'Armée et la nation

Au vu des sources comme des recherches, une autre rationalité, triste et pragmatique, se dessine. La première enquête sur Dreyfus, aussi partiale que classique dans les milieux du renseignement, a engendré au ministère une situation très complexe : la Section de statistique et les officiers généraux (dont le ministre) se sont intoxiqués chacun et réciproquement. La première avec ses méthodes illégales et ses initiatives désordonnées, individuelles et irréfléchies ; les seconds avec leurs inquiétudes soudaines, leur incompréhension des milieux politiques et des phénomènes d'opinion, leur mépris des civils, leur isolement dans la société et leur conscience inébranlable de la supériorité de l'Armée. Que les préjugés antisémites, que les haines pour la République de la part d'officiers majoritairement nationalistes et monarchistes aient joué, sans aucun doute mais pas au point d'agir comme un complot programmé. Que l'Armée, par ailleurs, se modernise, acquière une compétence technique grâce à l'artillerie, s'oriente vers la guerre industrielle, réfléchisse profondément à ses missions militaires, cela est certain, mais pas au point d'y trouver une explication technique globale à l'affaire Dreyfus. S'il y a responsabilité de l'État-Major, c'est dans son incompétence révélée lors de l'enquête sur Dreyfus et poursuivie au-delà de toute logique. Lorsque l'incompétence se répète ou se revendique, on débouche sur la culpabilité d'officiers généraux qui se détournent par ailleurs de la défense nationale, leur mission fondamentale.

La question n'est pas l'agissement de tel ou tel responsable, mais est de constater que l'Armée française fonctionnait sur des notions et des compétences dépassées. Elle n'a pas connu dans ses cadres ni démocratisation ni modernisation. L'opposition entre Picquart et les officiers généraux ne porte pas seulement sur l'affaire Dreyfus, mais révèle aussi un fossé entre compétence et ignorance, entre capacité d'adaptation et faculté d'imitation, entre la voie « moderniste »

---

* Cette thèse a débouché sur un livre : *Un secret bien gardé. L'histoire militaire de l'affaire Dreyfus* (Paris, Seuil, 1994). Jean Doise n'apporte aucune source directe et archivistique pour appuyer une argumentation qui ne semble tirer sa légitimité que de la *négation* du travail des historiens.

et l'institution militaire. Ce sont les officiers d'État-Major qui décerneront à Esterhazy des éloges à l'Inspection générale de 1896. Ce sont les mêmes qui sanctionneront Picquart, coupable d'insubordination.

L'affaire Dreyfus pose la question essentielle du recrutement et de la formation des officiers, et débouche sur un constat terrible : celui d'une Armée dans l'erreur à cause d'un lien superficiel avec la nation. Faible rapport avec la société, qui induisait un lien culturel faible : son idée de la nation n'avait plus rien à voir avec la réalité sociale de 1894. Le malentendu a créé la forfaiture. Des projets naîtront (Georges Duruy en 1901, Jaurès en 1911 avec *L'Armée nouvelle*), une démocratisation aura lieu (1905), mais elle n'empêchera pas que les conscrits, la cité en armes, ne servent consciemment, en 1914, de « chair à canon ».

La marche de la Justice

L'attitude du pouvoir judiciaire est la surprise de l'affaire Dreyfus. La magistrature *aurait dû* être antidreyfusarde ou rester en tout cas un « agent du pouvoir politique » [31, p. 18]. Individuellement, beaucoup de magistrats ont pris position contre Dreyfus, et le gouvernement n'a pas eu de difficulté à trouver des magistrats dévoués (le juge Fabre, le procureur Bertrand...) pour étouffer les procédures connexes et latérales aux trois procès en Conseil de guerre. Mais l'intervention répétée de la Cour de cassation dans l'affaire Dreyfus oblige à nuancer la vision d'une magistrature antidreyfusarde. Ce corps conservateur, aux habitudes et aux règles fixées pour l'essentiel en 1810, chargé du maintien de l'ordre social, privilégiant généralement la mission de répression à celle de compréhension et de prévention, a eu paradoxalement un comportement dreyfusard. Cela s'explique par une républicanisation de la haute magistrature (par la loi de 1883), par une relation quasi éthique de beaucoup de magistrats — dont, en premier lieu, les conseillers de la Cour de cassation — avec le droit dont ils ont la charge, et par l'exigence d'une indépendance minimale. Les pressions gouvernementales et le mépris dans lequel la justice militaire a tenu la justice « ordinaire » expliquent la résistance des juges. Celle-ci s'est exprimée dès le procès Zola lorsque la Cour de cassation fait afficher dans le Palais de justice, le jour même de la première audience, un arrêt de révision dans une affaire d'erreur judiciaire (l'affaire Pierre Vaux).

Puis l'annulation sur la forme du procès Zola est accompagnée d'un discours solennel du procureur général Manau, le 2 avril : « Comment ? Dans ce pays de France, si noble, si généreux, on ne pourra pas avoir un avis différent de celui de son voisin, dans des affaires qui émeuvent au plus haut degré la conscience publique, sans être exposé à se voir traiter de vendu ou de traître ? Une vie tout entière d'honneur et de probité ne protégeront donc pas les plus dignes contre des appréciations aussi flétrissantes, et, entre autres, les Trarieux, les Scheurer-Kestner, les Ranc, etc., ceux aussi qu'on a appelés, par une ironie qu'on a cru spirituelle, les intellectuels et que nous appelons, nous, les hommes intelligents qui sont l'honneur du pays ? »

La rébellion du pouvoir judiciaire est loin de s'expliquer uniquement par une réaction de défense corporatiste. L'affaire Dreyfus souligne le poids fondamental de la notion du droit dans la République et le rôle de l'héritage révolutionnaire dans la justice républicaine, deux fondements mis en cause par les antidreyfusards. Ces magistrats, de la Cour de cassation en particulier, pénétrés de l'idée supérieure du service de l'État, ont accepté l'affrontement. Leur conservatisme les portait à défendre un ordre social qui se trouvait paradoxalement être du côté dreyfusard : un ordre républicain.

Science et savants dans l'Affaire

L'affaire Dreyfus a vu l'intervention précoce et déterminée de nombreux savants, tant des sciences exactes que des sciences sociales. L'engagement de ces scientifiques, assumant généralement une double tâche d'enseignant et de chercheur, travaillant dans les universités, dans les grandes écoles ou dans les instituts publics, a essentiellement profité au camp dreyfusard. Malgré les efforts de la Ligue de la patrie française pour mobiliser l'« intelligence française » (le mathématicien Camille Jordan, le physicien Pierre Duhem), force est de constater que le milieu scientifique a opté pour la défense de Dreyfus. Plusieurs savants renommés se sont trouvés en tête des luttes dreyfusardes, au Comité de la Ligue des droits de l'homme, à la tribune des salles de conférences... Scheurer-Kestner lui-même est chimiste de formation et de profession, collaborateur de Wurtz, comme Édouard Grimaux, pour son grand *Dictionnaire de chimie*. Cette formation scientifique a eu son rôle dans les enquêtes préliminaires du sénateur qui rappellent la méthode suivie par Gabriel Monod pour ses propres recherches (p. 37).

Cette lecture est-elle généralisable ? Ces hommes se sont-ils engagés *comme savants* dans l'affaire Dreyfus ? Oui, car l'Affaire a cristallisé un conflit d'envergure entre des pratiques de savoir, entre une science « ouverte » et une science « fermée ». Les savants dreyfusards, et ceux qui, dans la communauté scientifique, les soutiennent en privé constituent l'élite intellectuelle du pays. Ils représentent des institutions qu'ils mobilisent de fait (Académie des sciences, Facultés des sciences, Institut Pasteur, Collège de France, École normale supérieure, École de physique et de chimie de la ville de Paris). Ouverts sur leurs collègues étrangers à travers correspondances et congrès [112], ils donnent à l'Affaire un écho international puissant. Dans leurs dépositions, dans leurs textes de combat, dans leurs articles de fond, ces savants affirment leur dimension civique et la mission sociale de la science. Celle-ci réside moins dans le contenu des savoirs que dans la méthode suivie pour faire de la recherche : liberté dans les choix, critique des résultats, ouverture interdisciplinaire, présupposé positif affecté aux corps étrangers.

Les antidreyfusards ne s'y trompent pas en portant, avec Ferdinand Brunetière, une attaque globale contre la science ouverte (« Après le procès », *Revue des deux mondes*, mars 1898), en affirmant la nécessité de la science « fermée » et la primauté de la rationalité technique sur la recherche intellectuelle. Le soutien que les antidreyfusards accordent en permanence à certains experts et à Bertillon en est bien la preuve : ces techniciens défendent une vision de la science productrice de vérités absolues et non de méthode et de dialogue. De grands savants réagissent aussitôt en ruinant les compétences scientifiques des experts lors des procès de 1898-1899 et dans leurs réponses à Brunetière. Le biologiste Émile Duclaux répond avec *Avant le procès*. Le sociologue Émile Durkheim publie, dans la *Revue bleue*, « L'individualisme et les intellectuels ». Le philosophe Alphonse Darlu le précède dans sa *Revue de métaphysique et de morale*. Le très kantien Victor Basch intervient à son tour.

L'affaire Dreyfus a montré un lien direct entre la science pure et l'engagement civique, entre des pratiques de savoir et une conscience de citoyenneté. Durkheim répondait ainsi à Brunetière : « Si donc, dans ces temps derniers, un certain nombre d'artistes, mais surtout de savants, ont cru devoir refuser leur assentiment à un jugement dont la légalité leur paraissait douteuse, ce n'est pas que, en leur qualité de chimistes ou de philologues, de philosophes ou d'historiens, ils s'attribuent je ne sais quels privilèges spéciaux et comme un droit de contrôle sur la chose jugée. [...] Accoutumés par la pratique de la méthode scientifique à réserver leur jugement tant qu'ils ne se sentent pas éclairés, il est naturel qu'ils cèdent moins facilement aux entraînements de la foule et au prestige de l'autorité » [117, p. 198].

Mais l'écho de cette grande querelle intellectuelle sort déformé dans la presse, y compris dreyfusarde : *L'Aurore* ou *Le Siècle* exaltent sans nuances l'engagement des savants. Est-ce cette récupération qui éloigne Marcelin Berthelot ou Ernest Lavisse de tout engagement conforme à leurs convictions républicaines notoires ? Ils sont en tout cas représentatifs des « républicains tardifs », si nombreux dans les gouvernements progressistes. Mais deux autres raisons peuvent être apportées. Berthelot comme Lavisse sont insérés dans des réseaux de pouvoir politique, certes valorisants mais contraignants. Leur pratique de la chimie ou de l'histoire révèle des visées dogmatiques (pour Berthelot) ou bien peu historiographiques (pour Lavisse). Cette démission civique provoque des ruptures à l'intérieur des réseaux intellectuels, comme Élie Halévy qui s'éloigne de son cousin René, universitaire à Bruxelles et fils de Berthelot [23].

Une trilogie civique : biologistes, historiens, sociologues

L'Affaire a traversé les systèmes de pouvoir comme les disciplines de savoir. Ce n'est pas la filiation à telle ou telle science qui a déterminé l'engagement des savants, mais une relation intellectuelle avec leur savoir et une appartenance personnelle à des communautés scientifiques. Ainsi le droit ou la médecine ont-ils eu à tort une réputation antidreyfusarde. Certes, des enseignants et des étudiants se sont engagés contre Dreyfus. Mais le clivage passe à l'intérieur des disciplines : les avocats se sont opposés aux magistrats, plus dreyfusards ; les médecins praticiens se sont heurtés aux médecins « pastoriens », résolument dreyfusards.

La position des médecins « pastoriens », ceux qui ont soutenu Pasteur dans sa lutte contre l'institution médicale, souligne le rôle de la biologie et des biologistes dans l'Affaire. L'Institut Pasteur a été un lieu important de l'engagement dreyfusard, mobilisant des chercheurs de premier plan comme Duclaux, et les docteurs Roux, Poittevin, Metchnikoff. Il ne s'agit pas seulement du dynamisme d'une communauté scientifique, les « pastoriens ». La manière dont ces savants pratiquent la recherche, envisagent les progrès médicaux et réfléchissent à la dimension sociale de la médecine est la seconde raison de cet engagement significatif.

On retrouve cette question du lien social et de l'engagement civique avec la sociologie durkheimienne : elle s'affirme pendant et *grâce* à l'Affaire [141]. « Jamais, écrit le sociologue Alain Touraine en 1977, on n'a autant réfléchi sur les "intellectuels" que dans la France moderne. D'ailleurs le mot même n'est-il pas né en France, au moment de l'affaire Dreyfus ? Pour nous sociologues, cette référence a un sens précis, puisque la sociologie est apparue en France en liaison directe avec ce grand débat. C'est en partie ce rejet antisémite qui a fait que des intellectuels bourgeois juifs se sont sentis suffisamment distanciés de leur société pour pouvoir la penser. Ce n'est pas un hasard si la sociologie en France a été presque totalement juive — aux États-Unis aussi. Pour être sociologue, il faut une certaine extériorité, ne pas être tout à fait pris dans le tissu social*. » Mais l'identité juive n'est pas revendiquée en tant que telle ; elle sert simplement d'outil de connaissance. Les sociologues durkheimiens se situent du reste à l'opposé de la démarche sioniste.

Les historiens ont joué un rôle encore supérieur dans l'Affaire. Ils sont entrés sur la scène publique en tant que savants, constatant au vu de l'acte d'accusation contre Dreyfus que « l'esprit public est bien peu scientifique ». Les historiens interviennent également et plus spécifiquement en tant que philologues, spécialistes des textes, de leur déchiffrement et de leur critique. Ils se heurtent dans ce domaine aux experts de la justice militaire, qui se réfugient derrière le secret professionnel ou celui de l'instruction. Les historiens s'engagent enfin parce que la pratique ouverte de leur savoir et le sentiment d'appartenir à une communauté intellectuelle les dotent d'une conscience de citoyenneté.

Les conséquences pour l'histoire sont profondes : elle s'ouvre à la période contemporaine ; elle reconnaît les travaux de non-spécialistes à condition que ceux-ci respectent les règles de la critique historique. Des historiens et philologues (Gabriel Monod, Alphonse Aulard, Auguste Molinier, Salomon et Théodore Reinach, Georges Duruy), mais aussi des philosophes (Jean Jaurès, Raoul Allier, Alphonse Darlu) et des sociologues (Émile Durkheim, Célestin Bouglé) ont écrit sur l'affaire Dreyfus entre 1898 et 1904. L'homme politique Joseph Reinach est l'auteur d'une monumentale *Histoire de l'affaire Dreyfus* saluée par les historiens [1]. Elle

---

* *Un désir d'histoire*, Stock, Paris, 1977, p. 76.

demeure une source tout autant qu'un récit essentiels pour la connaissance de l'événement.

Les historiens s'honorent donc d'une œuvre triple : l'engagement individuel, la rédaction de petites brochures de combat et une mise en histoire immédiate de l'Affaire. Chaque fois, c'est opposer aux falsifications antidreyfusardes des preuves une critique systématique des documents disponibles. C'est dégager les enjeux intellectuels de l'Affaire, c'est affirmer la capacité du savoir historique à être présent dans la cité. Madeleine Rebérioux a ouvert cette voie de recherche [126], en montrant que cette exigence critique et cet investissement historien correspondaient aux mutations intellectuelles de l'histoire révélées par des ouvrages clés comme l'*Introduction aux sciences historiques* de Charles-Victor Langlois et Charles Seignobos (également dreyfusards). L'affaire Dreyfus a été un terrain de validation de la méthode. Elle a montré qu'une même exigence entourait la pratique de l'histoire et la vigilance civique. « Il y a comme une vocation à l'éternité, et non seulement à l'universalité, qui fonde, depuis un siècle, l'être du métier d'historien, son éthos et, sauf crise d'une extrême violence, assure une relative unité au milieu professionnel » [136, p. 13].

Au moment où l'« éthos » de l'historien paraît consolidé par le succès des interventions scientifiques dans l'Affaire et la lutte contre les antidreyfusards (en particulier au sein de l'École des chartes [119]), une contestation théorique vient ébranler les certitudes historiennes à l'intérieur même de la communauté des savants dreyfusards. Le jeune normalien François Simiand, intégré à la mouvance socialiste de Lucien Herr et au groupe des sociologues durkheimiens, attaque la « méthode » de l'histoire dans un article : « Méthode historique et science sociale. » Publié en 1903 dans *La Revue de synthèse historique*, cet article reproche aux historiens de se contenter d'établir des documents alors que cette étape n'est qu'un préalable à l'étude du fait social qui reste à construire. Ce grand projet épistémologique, qui a frappé Lucien Febvre et Marc Bloch, les fondateurs de la revue des *Annales* en 1929, rend compte de l'engagement caractéristique des sociologues durkheimiens. Ils sont plus à l'aise dans la phase dreyfusiste de l'Affaire lorsqu'il s'agit de comprendre les mécanismes sociaux de l'événement. En revanche, ils ne sont guère présents (sauf Célestin Bouglé) dans la phase dreyfusarde, quand l'innocence d'un homme seul est en jeu, quand les faits ne doivent pas se construire abstraitement, mais s'établir concrètement. Ce grand débat de la sociologie et de l'histoire, qui a fait mûrir le projet historien de Bloch et Febvre, a bien pour origine l'affaire Dreyfus [132, 139].

La politique dans la cité

Ce rôle du savoir renvoie aux oppositions traditionnellement énoncées dans l'Affaire : l'Université contre l'Armée, l'école contre l'Église, la presse contre l'État.

La presse a été, dans sa grande majorité, antidreyfusarde, soit par militantisme antidreyfusard soit par conformisme social. En comblant les silences gouvernementaux, elle a donné à ses millions de lecteurs quotidiens un accès violent mais direct à l'appareil d'État, obligeant ce dernier à prendre conscience des dimensions individuelles dans la société. La presse est devenue une force, par ses structures éditoriales et grâce à l'opinion qui trouve là une écoute qui lui manque du côté de Paris, de la Chambre, du gouvernement.

Les instituteurs et les professeurs, s'exprimant malgré les risques de révocation, revendiquent moins une fonction qu'une relation avec leurs élèves, une liberté de travail avec eux. Ils s'opposent à une Église identifiée à l'extrémisme des assomptionnistes et au réseau des *Croix* (p. 98). « J'ai vu une fois de plus, écrit une institutrice dans *L'Aurore* le 21 juin 1898, tout ce que peut, tout ce que doit faire l'école, une des meilleures forces dont nous disposions pour éclairer notre peuple de France. Lui apprendre à comprendre, lui apprendre la sincérité intellectuelle, lui apprendre, entre autres choses, à lire, à bien lire, à ne pas se payer de mots, à penser en lisant, à remonter aux sources autant que possible, à contrôler les informations les unes par les autres : en un mot, lui donner la passion de la vérité, de toutes les vérités, voilà ce à quoi il faut tendre. »

Le 18 juillet 1898, Jaurès est écarté de la Sorbonne alors qu'il possède les titres suffisants. Gabriel Séailles, autre philosophe dreyfusard, avait défini au procès Zola les conditions du magistère universitaire. Son discours engage la part symbolique de l'Université : « Homme d'étude, je ne puis apporter ici que le témoignage de ma conscience libre et sincère. [...] Si la loi, qui est notre garantie à tous et que nous pouvons avoir à invoquer demain, doit toujours être respectée, ne doit-elle pas l'être surtout quand, dans un individu, ce sont des milliers d'individus qu'on prétend condamner et déshonorer ! [...] Notre enseignement serait sans autorité si nous n'étions pas prêts à le confirmer par nos actes. »

VII / La « ligne dreyfusarde » : dreyfusards, dreyfusisme et intellectuels

Les défenseurs de la justice

En 1899, l'éditeur dreyfusard Stock publie un album populaire de 150 photos de Gerschel représentant *Les défenseurs de la justice*. La photographie témoigne de l'emploi de techniques modernes d'édition, et le titre évoque cette « ligne dreyfusarde » baptisée par Gabriel Monod : une collectivité étroite, solidaire et hétérogène ne dépassant pas 500 militants en 1898, une forme d'action dont la vocation est de protéger des acquis passés (l'héritage révolutionnaire) et présents (la République), la *justice* comme exigence commune, justice pour Dreyfus, justice dans la société voire justice pour l'humanité, et une pratique de la représentation pour démontrer la justesse de l'engagement dreyfusard à l'échelle sociale et nationale. Le classement retenu associe « les indépendants, les avocats et l'École des chartes » ; les journalistes de *L'Aurore*, des *Droits de l'homme*, de *La Petite République*, du *Radical*, du *Siècle* ; les dames de *La Fronde*...

Parmi ces dreyfusards, on oublie parfois Dreyfus. Il n'a cessé d'en être, convaincu de la réparation prochaine de l'arrêt du 22 décembre. Il a longuement analysé pendant son procès l'acte d'accusation, et tenté de conserver en déportation une copie du bordereau en la dissimulant dans la doublure de son vêtement. Il indiquait ainsi aux futurs dreyfusards une voie féconde, celle de la critique systématique de tous les documents relatifs à son procès et la recherche de ceux qui manquaient. Au procès de Rennes, puis au cours de la longue procédure de réhabilitation, il se pénètre des dossiers tout en accordant sa pleine confiance aux avocats. Il ne s'en tient qu'à l'erreur judiciaire, refusant de mettre la justice militaire ou l'Armée en accusation. Le retour à l'honneur et à la liberté comptait plus que tout. Cette sensibilité personnelle ainsi que sa compétence professionnelle rendent très suspecte l'idée que Dreyfus aurait été, dans une affaire similaire, « antidreyfusard ». On voit mal Dreyfus souscrire aux incohérences forcenées de l'État-Major. Cette thèse malsaine affecte aux juifs une déviance (se trahir eux-mêmes) et part d'une erreur qui veut que les conservateurs soient antidreyfusard, et les dreyfusards des révolutionnaires.

L'étude des premiers dreyfusards dément de telles affirmations. On a déjà aperçu leur hétérogénéité. Ce regroupement disparate, à nette coloration opportuniste, décourage les socialistes ou les anarchistes d'intervenir en 1897 dans une affaire qui semble opposer des clans de la bourgeoisie républicaine. L'antisémitisme diffus des mouvements ouvriers joue également en faveur de l'indifférence. Cependant, Jaurès s'engage à la mi-janvier, convaincu par les arguments de Herr, le témoignage de Lévy-Bruhl et les documents de Scheurer-Kestner. Des anarchistes juifs, comme Henri Dagan, revendique pour la première fois « leur judéité, leur *droit d'être juifs* » [10, p. X].

Ces hommes sont liés par le sentiment d'une commune appartenance au fait minoritaire. Les Alsaciens d'abord, qui découvrent les limites de la solidarité nationale et leur rejet dans les « provinces perdues » : pour les antidreyfusards, un Alsacien dreyfusard est un « prussien ». Lorsqu'il est juif, protestant ou libre penseur, l'exclusion est totale alors que précisément les premiers dreyfusards ont fait vœu de patriotisme. Les protestants, ensuite, qui, croyants ou athées, continuent de revendiquer une morale laïque pour l'État et la République, un respect du droit et une exigence de critique [104]. Les juifs, enfin, peu nombreux parmi les premiers dreyfusards, en marge de la communauté juive et qui n'hésitent pas à poser, comme Bernard Lazare avec ses brochures de 1896-1897, la question fondamentale de l'antisémitisme dans l'Affaire [49].

Dreyfusards, dreyfusistes et dreyfusiens

Souvent confondus dans leur signification, ces trois termes nés pendant l'Affaire désignent des engagements repérables. Les *dreyfusards* rassemblent le groupe des défenseurs de Dreyfus qui s'est attaché, entre 1896 et 1899, à reconstituer publiquement les circonstances du procès de 1894 pour en prouver la forfaiture et démontrer l'innocence de Dreyfus. Ce qui n'exclut pas, bien sûr, de réfléchir au sens profond d'un tel combat, d'être *dreyfusiste*.

Être *dreyfusiste* consiste à prendre l'affaire Dreyfus comme un fait explicateur de la société, comme un événement de référence pour construire une autre politique, comme un principe de formation de la cité rêvée ; à l'image de la « ligne dreyfusarde », elle recrute indépendamment des origines sociales ou politiques et se donne une unité puissante.

Enfin, les *dreyfusiens* n'apparaissent qu'au moment où, en décembre 1898, l'affrontement entre dreyfusards et anti-dreyfusards, dreyfusistes et nationalistes devient si intense qu'il menace le régime parlementaire et la promotion des élites républicaines. Les dreyfusiens ne sont ni dreyfusards ni dreyfusistes. Ils ne recherchent, dans la défense de Dreyfus, que l'occasion de liquider l'Affaire pour revenir à la normalité, lutter contre le double danger clérical et nationaliste soudain révélé dans sa force, renforcer des structures sociales et politiques défaillantes en laïcisant la société et en transformant le personnel politique. La politique dreyfusienne de Waldeck-Rousseau a été un succès car elle s'est appuyée sur cette force conservatrice puissante, révélée publiquement dans l'« Appel à l'Union » de 1899. Lancé le 23 janvier dans *Le Temps*, ce texte répond à la naissance, quelques jours auparavant, de la Ligue de la patrie française ; il affirme que Justice et Armée ne s'opposent pas et demande aux Français de travailler à la « conciliation et à l'apaisement ». Cet « Appel » et les listes d'adhésion qui suivent correspondent à tout un courant libéral, véritable *establishment* intellectuel favorable à la révision du procès de 1894. Mais, de Gaston Paris, professeur au Collège de France, à Ernest Lavisse, professeur à la Sorbonne, membres de l'Académie française, d'Émile Boutmy, directeur de l'École libre des sciences politiques, à Émile Mercadier, directeur des études à l'École polytechnique, ces dreyfusiens sont hantés par le risque de déchirement du corps social et de chute du régime républicain. En s'engageant sur un texte de réconciliation, ils sortent de leur silence, déclarent vouloir assumer la crise antidreyfusarde et dénoncent indirectement la Ligue de la patrie française dans sa politique de division nationale.

L'« Appel à l'Union » n'est pas une revendication de neutralité, mais bien plutôt une possibilité d'engagement minimal pour des « dreyfusards en for intérieur » (selon une expression appliquée à Lavisse) incapables socialement de franchir le pas d'une adhésion à la Ligue des droits de l'homme (Gaston Paris) ou décidés politiquement à refuser tout contact avec les socialistes (Anatole Leroy-Beaulieu). Parmi les signataires de l'« Appel », on trouve de grands dreyfusards qui ont œuvré, en privé, pour Dreyfus. Ludovic Halévy, le librettiste célèbre, père de Daniel et d'Élie, Gaston Paris, « complice » de Paul Meyer dans l'élaboration de la stratégie dreyfusarde des historiens et philologues, le mathématicien Émile Borel, très lié à Jean Perrin, Paul Langevin et Paul Painlevé, défenseur de l'« étrangère » Marie Curie lors de la campagne de xénophobie qui se déchaîna contre elle vers 1910, un autre mathématicien, Gaston Darboux, qui, avec Paul Appell et Henri Poincaré, révéla toute l'imposture scientifique des théories de Bertillon (p. 21)... Les correspondances et les papiers privés sont des sources exceptionnelles pour comprendre la relation privé-public dans la réalisation de cet engagement discret. L'« Appel à l'Union » agit comme une médiation, amenant parfois au dreyfusisme des personnalités dominées par leur milieu social et leurs ambitions professionnelles, choisissant la prudence, mais refusant l'amalgame de la Ligue de la patrie française. Les plus lucides révéleront une nostalgie pour le courage qu'ils n'ont pas eu, comme Ernest Lavisse honorant la mémoire de Gabriel Monod mort en 1913.

Les dreyfusards ont bien perçu les dreyfusiens, aidés par un substantif qui les associe sans ambiguïté à Dreyfus et par lequel ils se définissent. On le trouve en particulier dans une lettre d'Émile Boutmy à Élie Halévy du 2 mars 1899 (Archives H. Guyot-Noufflard). Les antidreyfusards ne se sont pas non plus trompés sur le sens de l'« Appel », qui fait suite à plusieurs attaques directes des dreyfusiens contre la Ligue de la patrie française. La lettre ouverte de Gaston Paris à l'historien antidreyfusard Albert Sorel reçoit le soutien de Gabriel Monod et précède les articles de plusieurs dreyfusards : le philosophe Raoul Allier, les professeurs au Collège de France Paul Meyer et Albert Réville. Émile Boutroux, l'un des introducteurs de la philosophie allemande en France, s'élève pour sa part contre l'antisémitisme. Si l'« Appel à l'Union » est resté sans suite, la convergence dreyfusienne a été l'alliée des dreyfusards dans la résistance au nationalisme et à l'antisémitisme.

De la cause dreyfusarde à l'engagement dreyfusiste

Hormis Bernard Lazare, les premiers dreyfusards ont été rarement dreyfusistes. Mathieu Dreyfus ne visait que la réhabilitation de son frère, et Scheurer-Kestner pensait qu'elle pouvait être acquise sur la base des principes fondateurs et des rouages politiques d'un régime auquel il croyait, d'une République qu'il avait contribué à mettre en place. Les *Mémoires* de Scheurer-Kestner en témoignent [19] : il n'a pas accepté les bouleversements provoqués par l'Affaire, depuis la trahison de l'éthique intellectuelle par des savants comme Berthelot, muré dans son silence, jusqu'à la reconnaissance des minorités sociales engagées dans l'Affaire : les ouvriers, les femmes présentes en particulier dans le domaine très masculin du journalisme et de la presse. L'aventure libérale dans l'Affaire est un échec parce que la crise était à l'intérieur même des libéraux, de cette République modérée qui n'a pas tenu ses engagements. L'aventure radicale l'est beaucoup moins parce que le radicalisme accepte toutes les situations. Clemenceau n'a pas ménagé sa peine pour défendre Dreyfus, mais son dreyfusisme est douteux ; il se limite à la rénovation d'une voie radicale, laïque, autoritaire et nationale, appliquée en 1906 lorsqu'il revient au pouvoir et choisit Picquart comme ministre de la Guerre [80]. Demange, Leblois, Mornard et même Labori agissent comme des avocats dreyfusards et non comme dreyfusistes imaginant conduire une réflexion d'ensemble sur le droit.

Picquart, dreyfusard le jour où il tient tête à Gonse (le 15 septembre 1896), le devient à part entière lorsqu'il intervient au procès Zola. Sa présence parmi les dreyfusards fait beaucoup pour élargir la cause de Dreyfus : son image fonctionne comme un substitut efficace qui donne aux dreyfusards un « héros » (que Dreyfus n'a pas été). Picquart mobilise dans la France conservatrice, catholique, nationale, qui condamne l'intransigeance de l'État-Major, source d'impuissance militaire et de désordre social. La défense de Picquart se situe à l'automne 1898 lorsqu'il est menacé de Conseil de guerre. Une pétition de soutien recueille 60 000 signatures (novembre-décembre). Une série de grands meetings sont organisés en sa faveur. La communauté alsacienne, malmenée par les gouvernements progressistes et l'opinion nationaliste, se mobilise entièrement tandis que Mercier reçoit le soutien d'une partie des Lorrains (à travers une pétition de juin 1899).

Les réactions à l'arrêt de la Cour de cassation signalent les premières failles dans la « ligne dreyfusarde ». Bernard Lazare proteste dans *L'Aurore* contre l'oubli des premiers dreyfusards et l'héroïsation de Picquart, à la Ligue des droits de l'homme notamment. Les divergences se libéreront après le procès de Rennes qui reste, à ses débuts, un grand moment d'unité dreyfusarde, d'espérance dreyfusiste et de fraternité républicaine. Tous les dreyfusards qui ont compté se retrouvent à Rennes pendant cinq semaines, prennent leur repas à l'auberge des « Trois Marches », s'endorment chez les membres de la section de la Ligue dont l'infatigable Victor Basch qui en est son futur président, écrivent chaque jour à ceux qui, à Paris ou en province, attendent des nouvelles. Ils refont un monde plus juste et plus vrai le temps d'un été.

Le procès Zola, quant à lui, concrétise fortement ce lien entre la cause dreyfusarde et le dreyfusisme. En 1897, Bernard Lazare et Gabriel Monod sont rejoints dans leur travail d'analyse de l'Affaire par des savants (Émile Duclaux, Albert Réville, Michel Bréal...), et des écrivains (Anatole France, Émile Zola...) ; en privé, ils réfléchissent sur les raisons de la violence antisémite et nationaliste, tentent de comprendre les réactions de la société et du régime et suivent en même temps la révélation progressive des illégalités du procès de 1894. La mobilisation intellectuelle de janvier 1898 précipite le dreyfusisme, à la fois dans sa forme sociale (les quarante listes) et dans sa forme intellectuelle : Duclaux publie *Avant le procès*, premier manifeste dreyfusiste. L'acte révolutionnaire de « J'accuse » détourne une part des libéraux du combat dreyfusard, Zola apparaissant comme un « repoussoir » [81]. Mais la relève intellectuelle de 1898 se mobilise dans le procès Zola. Le procès a libéré le dreyfusisme sans sacrifier la défense de Dreyfus. Dans les dépositions en faveur de Dreyfus, dans les conférences du Tivoli Vauxhall, de la salle Chaynes ou du Grand Orient, s'élabore toute une argumentation de la citoyenneté et de la démocratie sociale.

La planète dreyfusarde

Les dreyfusards étant peu nombreux, il leur faut « occuper le terrain » sans renoncer à l'exigence critique et à la pente individualiste qui les caractérisent. D'où des actions très différentes, depuis le véritable « pilonnage » des experts et de Bertillon à travers de nombreuses brochures ou articles (Bernard Lazare, Jaurès, Gabriel Monod, Arthur Giry, Paul Dupuy, le docteur Jules Héricourt, le philologue Auguste Molinier et le mathématicien Paul Painlevé, l'ingénieur polytechnicien Maurice Bernard...) jusqu'à la sécurité des procès (le second procès Zola à Versailles où Péguy est arrêté) et l'organisation de manifestations : Lucien Herr dirige celle du 11 juin à Longchamp, « une des journées triomphales du dreyfusisme » pour Charles Andler [115]. Les conférences populaires sont très fréquentes à partir de l'automne 1898, où elles réunissent intellectuels dreyfusards, socialistes et anarchistes. Francis de Pressensé les étend grandement en province dès 1899, souvent dans le cadre de la Ligue.

Cette palette d'action s'appuie sur les centres dispersés du dreyfusisme qu'elle contribue à fédérer. La Ligue démocratique des écoles a pu regrouper une partie des étudiants du quartier Latin, prêts à soutenir les professeurs dreyfusards contre les « bandes antisémites » de Jules Guérin. Charles Péguy, à l'École normale supérieure, prend la tête des étudiants, organise la résistance rue d'Ulm avec le soutien décisif de Lucien Herr et la complicité active de nombreuses personnalités de l'École, à commencer par Paul Dupuy (« Paul Marie » dans ses brochures dreyfusardes), Jules Tannery, ou les professeurs Gustave Lanson, Charles Andler, Gustave Bloch... Lucien Herr organise des « foyers invisibles » [123] comme le mess des intellectuels de la rue des Chartreux, fréquenté par des normaliens (le biologiste Maxime Caullery [23]), des non-normaliens comme le chirurgien Léon Bérard, futur ministre de l'Instruction publique, et de nombreux éditorialistes dreyfusards venant aux nouvelles : Jaurès pour *La Petite République*, Clemenceau pour *L'Aurore*, Yves Guyot pour *Le Siècle*. La librairie Bellais, rue Cujas, fondée par Péguy en mai 1898, est un autre centre d'action dreyfusarde et de dreyfusisme mêlés, aux côtés des bureaux de *La Revue blanche* et de l'éditeur Stock. Les francs-maçons, absents au début de l'Affaire, hormis quelques individualités marquantes (le philologue Arthur Giry), s'engagent en 1899. En septembre, le couvent du Grand Orient se sépare de ses loges antisémites et 1900 voit la naissance de la loge « L'Aurore » (Uzès). Mais l'institution de la franc-maçonnerie n'est intervenue qu'au moment où la République était menacée. La mise en place de salons dreyfusards a pallié cette carence de la sociabilité des élites. Olympe et Louis Havet en organise un des premiers, Charles Seignobos organise des « mercredis », tandis que Mme Strauss, cousine de Ludovic Halévy, Mme de Cavaillet et la marquise Arconati-Visconti [78] n'hésitent pas à faire de leurs altières réceptions des salons dreyfusards militants. Moins connus encore sont les réseaux catholiques dreyfusards autour de la personnalité de l'historien Paul Viollet et du Comité catholique pour la défense du droit [99]. Cette composante dreyfusarde montre combien l'affaire Dreyfus brouille les clivages sociaux, politiques et culturels.

La Ligue des droits de l'homme

Deux réunions discrètes sont organisées pendant le procès Zola. Yves Guyot, qui envisageait la création d'un comité sur le modèle de la Personal Right's Association britannique, rencontre chez Scheurer-Kestner, le 19 février, Trarieux et Joseph Reinach. Le lendemain a lieu une réunion plus décisive, chez Trarieux cette fois, avec Duclaux, Giry, Grimaux, Havet, Héricourt, Paul Meyer, Jean Psichari (gendre de Renan) et Paul Viollet. Zola n'est pas encore condamné, mais la partie tourne mal pour les dreyfusards. Des bandes antisémites les pourchassent dans les rues, et des menaces administratives voire judiciaires pèsent sur eux. « Il faut, dit Trarieux, former un groupe, une association, fonder une ligue, quelque chose enfin qui serait comme la sauvegarde des droits individuels de la liberté du citoyen, de leur égalité devant la loi. » La société du même nom, créée par Ranc et Clemenceau contre Boulanger, n'existe plus. Le titre est disponible.

Aucun des fondateurs n'est socialiste. Tous seraient plutôt proches de Trarieux, un républicain modéré. Sauf Psichari, ils sont déjà âgés et occupent une position sociale élevée : six membres de l'Institut (Giry, Meyer, Havet, Viollet, Duclaux, Grimaux), deux membres de l'Académie de médecine (Duclaux, Héricourt), deux professeurs au Collège de France (Havet, Meyer). Psichari et Duclaux rappellent opportunément les savants que s'est donnés la République : Renan et Pasteur. Le projet assume donc la responsabilité civique nouvelle de ces élites scientifiques à la fois marginales et centrales.

Trarieux et Paul Viollet rédigent les premiers statuts. Les fondateurs de la Ligue placent le combat dreyfusard dans le cadre général de la défense de la République, une République définie par son héritage de la Révolution et des Lumières. Ils insistent sur la dimension individuelle du « citoyen », sur son égalité fondamentale et ses libertés essentielles. Si la Ligue revendique pour finir sa qualité française, ce n'est pas par nationalisme, mais plutôt par humanisme et patriotisme : la France est définie selon les termes de « civilisation » et de « progrès ». Ce sont des valeurs universalistes. Dès le 22 février, avant même que le verdict dans le procès Zola ne soit connu, Psichari envoie une lettre circulaire à plusieurs centaines de personnes. Ses amis Jacques Bizet et Paul Passy l'aident dans cette tâche et Lucien Herr redistribue un certain nombre de ces circulaires. Trarieux, de son côté, recherche des adhésions. L'historien dreyfusard Henri Sée donne le chiffre de 269 au 29 mars. Il insiste sur la réticence à s'engager clairement, surtout hors de Paris. Les jeunes universitaires parisiens nommés en province (Émile Durkheim, à Bordeaux, Célestin Bouglé à Montpellier, puis à Toulouse...) deviennent alors essentiels pour le recrutement.

La première assemblée générale se tient le 4 juin 1898. Les statuts sont votés et les membres du comité directeur sont élus : aux fondateurs (Paul Viollet s'est retiré [99]) s'ajoutent le chimiste alsacien Charles Friedel, Louis Lapicque, jeune maître de conférences à la Sorbonne, Léon Marillier, professeur à l'École des hautes études, Paul Passy, les docteurs et professeurs Paul Reclus et Charles Richet et Seignobos. Trarieux devient président de la Ligue, flanqué des vice-présidents Duclaux et Grimaux. Le double ordre du jour, en faveur de Dreyfus et de Picquart, montre que la Ligue se destine d'abord au combat dreyfusard.

Pendant dix ans, la Ligue accroît ses bases et son audience. Elle développe un dreyfusisme original, à mi-chemin du socialisme révolutionnaire et de l'humanisme social. Les sections de province, moins à gauche qu'à Paris, correspondent souvent à la politique dreyfusienne de Waldeck et de Combes. La loi de 1901 favorise ces structures associatives qui renforcent le tissu civique de la société. Victor Basch à Rennes, Jean Appleton à Lyon sont à la tête de sections de plusieurs centaines de militants qui supplient Paris de leur envoyer des conférenciers prestigieux, y compris Jaurès qu'accompagne le fidèle de Pressensé, président de la Ligue à la mort de Trarieux en 1904. A cette date, la réhabilitation de Dreyfus reste une priorité, affirmée par le comité directeur dont la composition ravive la « ligue dreyfusarde ».

La diversité du recrutement national et local joue un rôle moteur dans la mise en œuvre du dreyfusisme qui fonctionne comme un principe unificateur. « Le noble combat en faveur de tous les opprimés » associe aux forçats de Guyane, les anarchistes pourchassés par les « lois scélérates », les indigènes de Madagascar, les massacrés de Kischinev en Russie, les Arméniens et les Grecs victimes des Jeunes-Turcs. La suppression des conseils de guerre en temps de paix est demandée (suppression acquise en avril 1982). La Ligue se tourne aussi vers le monde ouvrier. « Une esquisse de recomposition citoyenne à l'aube du XXᵉ siècle », conclut Madeleine Rebérioux, son actuelle présidente [106, III, p. 420].

Le dreyfusisme. Entre République, socialisme et libertés

L'engagement dreyfusard débouche sur le dreyfusisme, mis en œuvre par la Ligue dans un ensemble de réalisations concrètes. Elles traduisent une tentative d'aggiornamento intellectuel et social sans précédent. Malgré un échec relatif, la trace de ces aventures dreyfusistes restera profonde.

Les universités populaires, lancées par l'ouvrier Deherme, Anatole France, Victor Basch ou Duclaux, sont l'une des plus célèbres. Elles consistent en une entreprise d'éducation populaire imaginée avant 1898, mais bénéficiant largement de l'affaire Dreyfus. Les dreyfusards décident d'éduquer les groupes ouvriers pour leur apprendre à aimer et partager une République qui est déjà la leur. « Rares sont ceux qui ignorent l'œuvre nouvelle : hommes politiques de premier plan ou intellectuels en renom apportent leur caution au côté de milliers de militants ouvriers, des représentants des professions libérales ou des membres de l'enseignement. Tous participent à l'émergence. Cette adhésion quasi unanime provoque un essor prodigieux : environ 230 universités populaires et plus de 50 000 adhérents » [83, p. 11]. Les participations sont multiples et régulières. Gabriel Monod organise l'université populaire de Versailles et prononce sa conférence sur « les leçons de l'histoire » devant celle du Faubourg-Saint-Antoine en 1900. L'affaire Dreyfus a révélé un besoin d'émancipation intellectuelle des milieux ouvriers et la disponibilité nouvelle des universitaires et des diplômés, soudain placés devant leurs responsabilités sociales, civiques. Très vite, cependant, la pédagogie manque à ces intellectuels qui ne se représentent pas le niveau scolaire de leurs élèves adultes. Ceux-ci désertent les cours, mais continuent de fréquenter les lieux et les fêtes des « UP ».

Le socialisme apparaît pour beaucoup de dreyfusards comme la suite logique de leur engagement. Pressensé ou Ferdinand Buisson deviennent socialistes et mènent la Ligue à une solidarité plus affirmée avec le monde ouvrier, n'hésitant pas à soutenir, contre le gouvernement Clemenceau, cheminots et postiers en grève (1908-1909). Les jeunes intellectuels, de leur côté, investissent dans le socialisme et le transforment. Une rencontre commence entre les dreyfusards et l'espérance socialiste, rencontre brisée par la guerre.

Lucien Herr constitue en 1899 un véritable réseau avec l'économiste François Simiand, les sociologues Marcel Mauss et Maurice Halbwachs, Jean Perrin... « Derrière l'unité politique, il fallait concrétiser une unité sociale, rapprocher intellectuels et classe ouvrière, ou, pour le moins, effacer la distance qui semblait les séparer. Bref, réussir là où les universités populaires avaient échoué » [125, p. 30].

Bien qu'éloignée du socialisme, la nouvelle philosophie morale qui naît au tournant du siècle appartient au dreyfusisme. Elle s'appuie sur des réseaux comme l'Union pour l'action morale de Paul Desjardins, professeur à l'École normale supérieure de Sèvres, très lié à Gaston Paris, à Ferdinand Buisson et à Félix Pécaut (un autre pédagogue mort en 1898), ou sur des revues comme celle du groupe d'Élie Halévy, de Xavier Léon, de Célestin Bouglé et d'Alphonse Darlu : la *Revue de métaphysique et de morale*, créée en 1893 [140].

Le sionisme se rattache au dreyfusisme. Né avant l'Affaire, le mouvement sioniste reçoit un appui décisif, celui de Bernard Lazare. Il connaît Theodor Herzl depuis le 17 juillet 1896, mais, occupé par l'affaire Dreyfus, il ne participe pas au premier congrès sioniste de Bâle (août 1897). Un an plus tard, en revanche, il est ovationné par les 350 délégués qui acclament l'intellectuel dreyfusard et le défenseur des minorités opprimées. Mais le congrès décide prudemment de ne pas intervenir dans « les questions sociales des juifs dans les divers pays » [131, p. 323].

Naissance des intellectuels, histoire intellectuelle

Le 28 novembre 1936, analysant devant la Société française de philosophie son livre, *L'Ère des tyrannies*, Élie Halévy se porte soudain trente ans en arrière : « Je n'étais pas socialiste. J'étais ''libéral'' en ce sens que j'étais anticlérical, démocrate, républicain, disons, d'un seul mot qui était alors lourd de sens : un ''dreyfusard''. » A partir de cet aveu, on peut distinguer trois voire quatre types d'intellectuels issus de la matrice dreyfusarde : l'intellectuel républicain, l'intellectuel socialiste, l'intellectuel libéral et, bien qu'Halévy, de culture protestante, en soit peu représentatif, l'intellectuel juif. Ils correspondent aux grandes formes du dreyfusisme.

Tournant social et politique majeur, la naissance des intellectuels dans l'affaire Dreyfus a été étudiée selon plusieurs perspectives. Une approche descriptive, considérant la notion d'intellectuel comme acquise et recherchant la description des groupes, des lieux, des combats [129]. A l'opposé se présente une interrogation beaucoup plus critique voulant expliquer la naissance des intellectuels par une lecture sociologique des élites qui distingue des « dominés » et des « dominants » dans le champ intellectuel [117]. L'historiographie anglo-saxonne a donné pour sa part un ensemble précieux de monographies d'intellectuels dont la synthèse demeure difficile [118, 124, 131]. Une perspective neuve viendrait, semble-t-il, d'une « histoire intellectuelle » se donnant pour objet non pas les intellectuels, mais la situation intellectuelle des élites, pour expliquer le passage à cette dimension d'intellectuel [125]. L'analyse de ces situations intellectuelles ne sacrifie ni l'histoire sociale, ni l'histoire culturelle, ni l'histoire politique, mais les reformule. Elle montre qu'un tissu social est constitué de relations très complexes et immatérielles, que la culture et la pratique des savoirs sont des processus dynamiques, et que l'intervention dans la cité ne se réfère pas forcément aux normes politiques courantes.

Cette histoire implique de rechercher les raisons intellectuelles de l'engagement, elle oblige à repenser ce moment clef des intellectuels, à confronter les textes publics et les correspondances qui les éclairent, à se dégager des représentations normatives comme celles de la presse dreyfusarde sur ses intellectuels, à poser la question de la relation entre une éthique du savoir et une conscience de citoyenneté, à reconnaître le lien opératoire entre une forme sociale (une communauté de savants, par exemple) et une forme intellectuelle (l'exigence critique, par exemple). Ainsi la réponse de Lucien Herr à l'article de Maurice Barrès dénonçant les « intellectuels » le 1er février (p. 44) est-elle d'autant plus intéressante que son auteur est à l'origine, quelques semaines auparavant, d'une liste de noms qui formera l'un des socles des pétitions de janvier 1898. La liste reflète cette forme sociale dans laquelle, directement ou indirectement, entre Duclaux, Monod ou Jaurès, la pensée de Herr a pris corps : « L'âme française ne fut vraiment grande et forte qu'aux heures où elle fut à la fois accueillante et donneuse. Vous voulez l'ensevelir dans la raideur tétanique où l'ont mise les rancunes et les haines. Les jeunes gens dont vous raillez la demi-culture savent qu'en effet ils ne possèdent pas plus que vous toute la vérité ; mais ils ont en eux quelque chose qui est de l'absolu, la foi en un idéal humain, et cette force naïve d'action généreuse balaiera les haines absurdes que surexcitent les malhabiles*. »

---

* « A M. Barrès », *La Revue blanche*, 15 février 1898.

Plus que les intellectuels, l'affaire Dreyfus a fait naître, dans cette relation civique entre le savoir et la société, un archétype d'intellectuel. L'« intellectuel dreyfusard » si l'on veut, un intellectuel critique, vigilant et fraternel, matrice des intellectuels futurs.

Les dreyfusards devant la mort, la rupture et l'oubli

La mort décime en quelques années les principaux dreyfusards. Zola meurt dans la nuit du 30 septembre 1902, asphyxié par la cheminée de sa chambre. Des dreyfusards évoquent la thèse de l'assassinat, tandis que *La Libre Parole* et *L'Intransigeant* parlent de suicide. Les obsèques, le 5 octobre, réunissent Dreyfus et la plupart des grands dreyfusards. Anatole France rappelle le rôle éminent de l'écrivain dans une affaire oubliée : « Il fut un moment de la conscience humaine. »

Après le procès de Rennes, de violentes ruptures opposent Labori, Picquart et Clemenceau contre Mathieu Dreyfus et Joseph Reinach. Péguy intervint pour rappeler la mémoire de Bernard Lazare, mort en 1903, et dire que la « mystique » de l'Affaire s'était dégradée en « politique » [17]. Les rassembleurs étaient morts. Scheurer-Kestner, le jour de la grâce, le 19 septembre 1899, Arthur Giry, le 13 novembre, Édouard Grimaux, le 2 mai 1900. Puis Ludovic Trarieux, Émile Duclaux, Gaston Paris, Auguste et Émile Molinier... L'échec du procès de Rennes, le poids de la mort laissaient les vivants amers. « Je n'ai plus qu'une vie mutilée », écrivait, très sombre, Gabriel Monod. Il constatait aussi la persistance du nationalisme malgré son échec politique, sa rencontre avec l'antisémitisme, l'avènement de l'Action française de Charles Maurras, qui s'était emparé des « Monod » comme l'exemple de la « France étrangère ». C'était le début d'une contre-histoire qui réutilisait les principes de dissimulation et de diffamation du temps de l'Affaire. L'évolution républicaine de la société ne comptaient guère face à ces nouveaux dangers idéologiques.

VIII / Les antidreyfusards, la France et l'étranger

La dimension antidreyfusarde dans l'Affaire

L'affaire Dreyfus est née de l'impact des courants antisémites, nationalistes et autoritaires sur l'État républicain. Le mouvement antidreyfusard a voulu apparaître comme une source de vérité (sur la culpabilité de Dreyfus), comme un ordre politique légitime et comme une vision de la société. Entre 1894 et 1898, les antidreyfusards ont réussi à figer l'Affaire dans un système idéologique empêchant toute révision du procès de 1894, que Dreyfus soit coupable ou non. Ils ont pu créer une forte adhésion populaire autour de dogmes simples et intangibles : l'Armée, la nation, l'autorité. Ils ont révélé une force politique et une puissance sur l'opinion capables de dissimuler leur faiblesse numérique, leur éclatement politique et leurs contradictions théoriques. Ils ont porté l'accusation sur les dreyfusards parce que ceux-ci défendaient en Dreyfus une citoyenneté républicaine, une ouverture de la société et un mouvement intellectuel inacceptables pour les forces qu'ils représentaient. Résumer la nation antidreyfusarde par « la France aux Français » est naturellement abusif, car c'est assimiler à l'extrême droite antisémite les nombreux antidreyfusards modérés, républicains, sincères, soucieux seulement d'ordre dans la société, dans l'Armée. Mais cette expression brutale indique cependant « que le temps de l'universalisme est terminé et qu'il se trouve remplacé par un culte de la nation que certains estiment incompatible avec la présence de tous ceux qui restent étrangers à l'identité française : ce nationalisme implique inéluctablement l'explosion d'un antisémitisme soudain » [46, p. 288].

A l'été 1899, l'ordre comme l'autorité de la « chose

jugée » sont passés du côté dreyfusard. Dreyfus a été gracié parce que la crise qu'avait provoquée l'affaire Dreyfus et les forces politiques qu'elle avait révélées avaient fini par menacer la stabilité nationale et l'autorité de l'État. Les dreyfusards ont contribué à cette défaite politique des antidreyfusards, mais ils n'en ont pas été les acteurs principaux. D'où un ensemble de conséquences à partir de 1900 : l'espérance dreyfusiste pour des dreyfusards orphelins, une mutation des courants nationalistes, antisémites et autoritaires après la défaite antidreyfusarde, et une France dreyfusienne favorable à Dreyfus non par principe de citoyenneté, mais parce que sa liberté représentait la fin d'une crise, l'entrée dans la « Belle Époque ».

Le socle antisémite, nationaliste et autoritaire

Bertrand Joly a démontré que les antidreyfusards existaient avant l'Affaire [90]. Si celle-ci relance l'antisémitisme, ce dernier naît bien à la fin des années 1870, autour des travaux anthropologiques sur les « races ». Ces études se renforcent dans la thèse d'un déterminisme biologique, fondement pseudo-scientifique du racisme et d'un antisémitisme revendiquant la science (Vacher de Lapouge). En même temps, elles se popularisent, retrouvent les courants antisémites diffus de la France ouvrière et catholique. Le succès de *La France juive* traduit cette popularité de l'antisémitisme, et la première Ligue antisémite date de 1889. Dirigée par Drumont et Jacques de Biez, elle n'évolue guère, tandis que le marquis de Morès fonde son propre groupe antisémite en 1890 avec Jules Guérin et des anarchistes. Jusqu'en 1895, cette mouvance antisémite multiplie les « vastes meetings vaguement socialisants et nettement antisémites » [90, p. 202] qui connaissent une certaine audience.

C'est le 4 juillet 1892 que Maurice Barrès, dans *Le Figaro*, a théorisé le nationalisme. Si le culte de la patrie reste encore largement ancré à gauche (en témoigne la première Ligue des patriotes de 1882), le nationalisme commence à devenir un thème de la droite qui associe la revanche et la révision de la Constitution. Le boulangisme puis le scandale de Panama en 1893 renforcent un républicanisme antiparlementaire et le rêve de la « France entière » de Paul Déroulède, qui écrivait en 1872 les *Chants du soldat*. Autour de ce nationalisme en mutation gravite avant l'Affaire un ensemble de positions mal formulées et souvent virulentes : le sentiment de la

« décadence » française présent chez Drumont mais aussi chez des écrivains comme Huysmans ou Paul Bourget, la haine de la franc-maçonnerie renforcée dans le boulangisme, l'antiprotestantisme avec les dénonciations du *Péril protestant* de Georges Thiébaud (1895), la xénophobie qui frappe davantage la main-d'œuvre italienne du sud de la France que les « ennemis » allemands ou anglais.

Le principe d'autorité s'exprime dans deux grandes tendances, politique et intellectuelle. Le parti royaliste n'a pas disparu avec l'échec de Mac-Mahon. Il recueille au tournant du siècle « les premiers fruits d'un effort obscur et ignoré d'organisation entrepris à partir de 1894-1895 » [89, p. 313] et il prépare déjà la puissante alternative politique que représentera à partir de 1899 l'Action française contre la République. Le versant intellectuel de cet Ancien Régime rénové tient dans les haines qui se libèrent contre la libre pensée, contre l'école, contre la science. Ferdinand Brunetière se félicite, dans un article retentissant de la *Revue des deux mondes*, « Après une visite au Vatican » (1er janvier 1895) : « La Science a perdu son prestige ; et la Religion a reconquis une partie du sien. » Le propos en lui-même n'est pas virulent, mais il s'inscrit dans un contexte de rejet du progrès contemporain et de négation de la Révolution française.

L'engagement antidreyfusard

Les mois qui séparent l'arrestation de Dreyfus de sa déportation (novembre 1894-février 1895) sont un premier moment de rencontre entre ces courants très disparates qu'unit leur rejet de Dreyfus : il est considéré dans son rapport avec les juifs, avec l'étranger, avec l'argent, avec la trahison, avec la Révolution, avec la République. La presse d'opinion confirme son rôle dans ce rapprochement des extrêmes. L'apparition des premiers dreyfusards en 1896 relance la convergence. Le nationalisme trouve dans l'affaire Dreyfus un événement à la taille de son ambition. Servi par deux grandes figures, Paul Déroulède et Maurice Barrès, il s'appuie sur la Ligue des patriotes renaissante en 1896. L'automne 1898 voit son apogée. Les sections se multiplient en province. La direction parisienne se renforce autour du « lieutenant » Marcel Habert. Le nombre des meetings croît. Déroulède veut être partout, dans les réunions de la Ligue comme dans celles des dreyfusards. Il reçoit des soutiens importants : la Jeunesse antisémite de Dubuc et Cailly et surtout le « Parti républicain socialiste français » fondé par Rochefort après les élections de mai 1898. *Le Drapeau* assure la promotion du chef, servie par une intense propagande sur l'air de *C'est Déroulède qu'il nous faut*.

Maurice Barrès apporte aux antidreyfusards un nom et une doctrine. « Celle-ci fait la synthèse du moi et de la nation, un peu comme le nationalisme allemand. Elle n'est pas une construction rationnelle, mais la croyance en une force de la nation que nous apportent "la terre et les morts", l'éducation » [28, p. 165]. Barrès apporte aussi une plume, qu'il met au service de l'antisémitisme pour mieux le récupérer. Les deux hommes touchent des milieux très différents, élitiste et conservateur pour le second, populaire et révolutionnaire pour le premier, mais toujours au profit du nationalisme. On est loin de Dreyfus. Déroulède surtout veut exploiter les faiblesses du régime parlementaire dans l'Affaire pour changer de République, par la force.

Drumont et Guérin considèrent tout autrement le rôle de l'antisémitisme : Dreyfus est l'emblème d'un combat beaucoup plus idéologique que politique. Mais la nouvelle Ligue antisémite de France, dirigée depuis 1896 par Jules Guérin, n'a pas l'audience ni les structures de la Ligue des patriotes. Les manifestations antisémites qui accompagnent le procès Zola sont très violentes, faisant plusieurs morts en Algérie. Mais elles retombent, et Drumont n'est capable de mobiliser qu'un lectorat (*La Libre Parole* atteint 500 000 lecteurs), voire un électorat. Une dizaine de députés antisémites sont élus en 1898, dont Drumont à Alger. C'est une victoire sans lendemain. Drumont est isolé, y compris dans le camp antidreyfusard où Déroulède le tient pour négligeable.

Les royalistes profitent de l'Affaire pour étendre leurs organisations, la Jeunesse royaliste, l'Œillet blanc mêlé aux événements d'Auteuil, et différents comités obscurs. Mais les questions de tactique et la querelle dynastique fragilisent ces groupes qui ne gagnent qu'une faible audience.

La France antidreyfusarde

Pas plus la France antidreyfusarde ne recoupe les clivages politiques, pas plus elle ne recoupe les différences sociales. Certes, l'Armée, le clergé, l'aristocratie en constituent les grands bastions, mais sont loin de s'identifier totalement au sentiment antidreyfusard. De même que les officiers « modernistes » pour l'Armée, les catholiques dreyfusards contredisent la vision d'une Église antisémite et nationaliste donnée par *Le Pèlerin*, et surtout par *La Croix*. Le principal quotidien catholique de France et ses titres de province, dirigés par les assomptionnistes à travers la « Maison de la bonne presse », a systématiquement occupé pour les antidreyfusards le terrain religieux. « Dans son ardeur nationaliste, la Bonne Presse considère les Juifs à la fois comme les membres d'une nation ennemie, comme les citoyens d'un peuple étranger et comme une troupe d'espions envoyés par les pays voisins » [71, p. 157]. L'offensive est telle que les rédacteurs de *La Croix* apparaissent dans leur antijudaïsme chrétien comme des adversaires directs du régime. L'aristocratie, quant à elle, est souvent antidreyfusarde, mais elle ne s'engage que par le biais de l'Armée ou du royalisme.

La presse antidreyfusarde renvoie l'image d'une France antidreyfusarde massive, monolithique et homogène. Il est vrai que les titres et les tirages ne manquent pas : *Les Croix*, *Le Gaulois*, *L'Éclair*, *L'Écho de Paris*, *La Patrie*, *Le Jour*, ainsi que *La Libre Parole* et *L'Intransigeant*, soit 2 millions d'exemplaires en comptant la presse de province. A cela s'ajoute la grande presse d'information qui ne cache pas ses options antidreyfusardes et qui tirent à 2,5 millions d'exemplaires : *Le Petit Journal*, *Le Petit Parisien*, *Le Journal*, *Le Matin* [65]. Comme la petite trentaine de quotidiens dreyfusards, la presse antidreyfusarde utilise les possibilités de l'édition moderne pour offrir à ses lecteurs des cartes postales, des calendriers, des jeux de l'oie... Une propagande nouvelle se met en place, mais pour quel impact ?

Le « Monument Henry » donne une image de cette France antidreyfusarde. Le 14 décembre 1898, *La Libre Parole* organise une souscription pour aider la veuve d'Henry à poursuivre Joseph Reinach coupable d'avoir accusé son mari de complicité avec Esterhazy. Les listes sont publiées jusqu'au 15 janvier 1899, et regroupent 25 000 noms pour 131 000 francs. En tant qu'expression de l'antisémitisme, ces listes sont le reflet de la lecture du journal autant que « le point de convergence de toute une gamme de mécontentements ». Stephen Wilson a pu voir « dans l'antisémitisme une réaction de type magique au changement et aux tensions qu'il engendrait [...]. Dans une certaine mesure, le choix d'une attitude et l'expression d'opinions antisémites constituaient une fin en soi, et n'exigeaient pas de s'accomplir en actes » [52, p. 287].

1899. Le reflux antidreyfusard, l'échec antidreyfusiste

Déroulède échoue à deux reprises dans sa volonté de renverser la République parlementaire, le 23 février 1899 lors des obsèques de Félix Faure et au mois d'août 1899, lorsqu'il tente de profiter de l'émotion du procès de Rennes. Pour cette seconde tentative de coup d'État, Déroulède avait encore le soutien des antisémites de Guérin. Il avait décidé d'un lieu, la place de la Nation, et un personnel de rechange était prévu : le général de Pellieux en gouverneur de Paris, Quesnay de Beaurepaire en ministre de la Justice, Marcel Habert en ministre de l'Intérieur, Georges Thiébaud en préfet de police. Mais Waldeck-Rousseau passe à l'offensive le 12 août. L'arrestation des principaux chefs nationalistes brise un mouvement en perte de vitesse. Jules Guérin se retranche dans le « fort Chabrol », pour la plus grande curiosité des Parisiens. Le pouvoir a-t-il surestimé la menace pour mieux l'écraser ? Waldeck-Rousseau était décidé à briser cette volonté de sédition affirmée par les nationalistes. Le pouvoir n'a pas eu à exagérer, les antidreyfusards l'ont fait pour lui en surestimant leurs forces militantes et leurs soutiens dans l'État et dans la nation. La Ligue antisémite, déjà fragile, ne survit pas à cet échec. En 1900, *La Libre Parole* voit ses tirages baisser, et Drumont s'en sépare en 1910. *La France juive* ne se révèle en aucune manière une théorie solide : elle ne peut se suffire à elle-même.

La Ligue de la patrie française, fondée en janvier 1899, connaît un essor immédiat mais sans lendemain [97]. Utilisant les difficultés de recrutement de la Ligue des patriotes, elle détourne à son profit la mobilisation antidreyfusarde. Elle revendique un nationalisme différent, modéré et légaliste formulé à partir de l'Affaire et non plaqué sur elle ou noyauté par l'antisémitisme. La Ligue se veut une « réplique aux intellectuels », en essayant de démontrer que les antidreyfusards bénéficient d'une audience intellectuelle supérieure et s'appuient sur une pensée politique, un *antidreyfusisme*. L'initiative vient de trois professeurs marginalisés, Louis Dausset, Henri Vaugeois et Gabriel Syveton. Ils parviennent à rassembler dans le comité des personnalités importantes mais disparates et pas toujours convaincues. En tête, plusieurs membres de l'Académie française (François Coppée, Jules Lemaître, Ferdinand Brunetière) et des universitaires de renom (les historiens Albert Sorel et Alfred Rambaud). Son succès est immédiat, et la première conférence, le 19 janvier 1899, attire une foule importante dans laquelle Barrès croit voir la France se convertir à l'antidrey-fusisme. Grâce à un comité prestigieux et à une propagande large, les adhésions affluent (100 000 en deux mois) de même que les signatures qui engagent des personnalités très diverses, des autoritaires aux libéraux, des royalistes aux amis de Waldeck-Rousseau. Le succès masque les contradictions du mouvement, de son recrutement et de son idéologie. La Ligue est faite contre les intellectuels, mais faite aussi par des intellectuels qui leur ressemblent. La Ligue oscille entre l'organisation de masse, la machine électorale et le centre de pensée. L'affaire Dreyfus, seul ciment entre les membres du comité, s'achève presque aussitôt, d'où la succession des démissions — Rambaud (proche de Waldeck-Rousseau), Barrès en octobre 1901, Coppée en 1903, Brunetière, Lemaître — et un suicide retentissant : Syveton, trésorier de la Ligue, finit par se suicider en 1904 après avoir détourné une partie de la caisse. L'« Appel à l'Union » (p. 83) avait semé le trouble alors que la Ligue naissait à peine, et la naissance de l'Action française la marginalisa sur sa droite. Après les élections de 1902, qui aboutissent à un échec malgré les sommes investies, la Ligue se dissout dans l'Action française ou dans l'indifférence. Son échec témoigne de l'inexistence de l'antidreyfusisme à côté du nationalisme et de l'antisémitisme, et de l'extrême diversité de la France antidreyfusarde qu'elle a cru pouvoir réunir et structurer.

Les racines de l'extrême droite

L'Action française est née de la décision d'Henri Vaugeois, professeur de philosophie, et de Maurice Pujo de créer, pour les élections de 1898, un comité électoral nationaliste. Charles Maurras, l'un des fondateurs de la Patrie française, royaliste et antisémite, se rapproche de ce Comité d'Action française et le dote d'une revue en juillet 1899. En 1900, Maurras publie *L'Enquête sur la monarchie*, qui affirme la nécessité de faire table rase de la Révolution et d'obtenir par tous les moyens un retour de l'ordre royal. La mission de l'Action française consiste alors à forger un climat intellectuel favorable à cette grande cause. Les fidèles sont réunis (Léon Daudet, Jacques Bainville, Jacques Maritain, Georges Valois...), la Jeunesse nationaliste est détournée de la Ligue des patriotes et les actions s'enchaînent. Une tentative d'assassinat a lieu contre Dreyfus en 1908 (p. 113), les universitaires Thalamas et Charles Andler sont attaqués dans leurs cours, les statues de Bernard Lazare et de Scheurer-Kestner sont mutilées, et Mercier devient, après Henry, le héros de ce mouvement qui mélange le préfascisme et le culte de l'Ancien Régime.

L'Action française représente une première forme d'extrême droite, par la synthèse réussie entre les courants nationalistes, antisémites et autoritaires qui formaient le camp antidreyfusard, et par la proposition d'une alternative monarchiste radicalement neuve [95]. Mais l'Action française a nourri une seconde forme d'extrême droite. Elle s'est construite non pas sur un rapport au passé, mais sur une composante totalitaire, la fausse raison ou « mimétisme de la raison » [51, p. 123]. Les expertises de Bertillon, les dogmes de Mercier et la négation de l'histoire ont engendré cette rationalité terrifiante, à l'opposé de la raison. L'antisémitisme scientifique, le nationalisme raciste, la dictature technicienne prennent racine au tournant du siècle.

Les savants français, même les plus conservateurs, ont réagi vivement à cette perversion de la raison scientifique. Ils n'hésitent pas, comme Henri Poincaré, à reprendre les présupposés de Bertillon pour en ruiner les fondements (p. 110).

Les élites en France. Du conservatisme à la République

L'étude des phénomènes dreyfusards et antidreyfusards a montré la différence des engagements, la diversité des milieux militants, la variété de trajectoires individuelles, le rôle de nouvelles relations sociales nées dans l'Affaire, et l'importance des représentations de l'événement faites par ceux qui en sont les acteurs ou les témoins. Pas plus que les limites politiques, le clivage dreyfusard-antidreyfusard ne respecte les frontières sociales. L'Affaire modifie ces structures, elle opère des recompositions qui subissent à leur tour des ruptures : ni les dreyfusards ni les antidreyfusards n'ont échappé aux divisions internes, parfois très violentes. Au milieu de ces bouleversements émerge à notre avis un point capital : la position des élites républicaines. Le comportement de la Justice, les options du courant « moderniste » de l'Armée, l'engagement dreyfusard ou les positions dreyfusiennes montrent que les situations de domination sociale ou intellectuelle ne mènent pas nécessairement à la réaction politique. Au contraire. Même si, aujourd'hui, l'affaire Dreyfus appartient davantage à la mémoire de la gauche qu'à celle de la droite, il convient de rappeler que de nombreux conservateurs et des catholiques se sont engagés pour Dreyfus et la République. Une explication sociologique « dure » dirait que ces élites avaient assimilé les phénomènes de démocratisation du pouvoir politique et qu'elles se positionnaient pour maintenir leur contrôle sur la société. Mais ces hommes avançaient souvent, pour justifier leur engagement, un « choix de la conscience », une expression qui revient fréquemment lorsque l'on étudie les déclarations et les correspondances.

La réponse à cette question des élites réside entre les deux explications. L'affaire Dreyfus a dégagé le lien entre le social et le politique, en faisant de la République laïque l'idéal civique commun aux « dominants » et aux « dominés ». Le choc de la Première Guerre mondiale a mutilé cet idéal, élevé dès lors au rang de suprême nostalgie [138].

« Ils n'en ont pas parlé ! »

On connaît, bien sûr, le double et très célèbre dessin de Caran d'Ache paru dans *Le Figaro* du 12 février 1898. La première scène montre un dîner en famille, dix bons bourgeois à table, et le maître de maison qui surtout recommande de ne pas parler de l'affaire Dreyfus. La seconde scène montre que la supplique n'a pas été écoutée, tables et chaises ont volé, ils en ont parlé ! Caran d'Ache exprimait bien cette caractéristique de l'Affaire de traverser les familles comme les groupes sociaux et les courants politiques. Mais toutes les familles n'ont pas été touchées. La situation parisienne dans laquelle évolue l'artiste et que *Le Figaro* traduit pour ses lecteurs éminemment parisiens ne peut pas être étendue au reste de la France. On sait que la mobilisation sur l'Affaire a été beaucoup plus forte à Paris ; lorsque certains de ses épisodes se sont déroulés hors de la capitale, à Versailles (p. 48) ou à Rennes (p. 60), les Parisiens sont venus en masse, réveiller des pays instinctivement antidreyfusards et parfois indifférents. Madeleine Rebérioux, à la suite de Jean-Pierre Peters et de Janine Ponty, a envisagé l'existence d'*une troisième France* : « Les Français auraient, dans leur immense majorité, vécu l'Affaire dans l'indifférence » [31, p. 27].

La presse populaire (*Le Petit Journal* et son million d'exemplaires, *Le Petit Parisien*…) est antidreyfusarde par conformisme plus que par conviction. Paris et les villes de province connaissent certes des manifestations de rue, et les violences antisémites culminent pendant les procès Zola de février à juillet 1898, mais l'agitation retombe dès que l'Affaire perd sa singularité politique avec l'avènement de la Défense républicaine et le passage aux réformes dreyfusiennes. On reste frappé du calme avec lequel le pays accepte la révision en juin et la grâce en septembre 1899. La « guerre civile » promise par les antidreyfusards se révèle un leurre total. La France s'est-elle bien passionnée pour l'Affaire ? Certainement oui, mais pas nécessairement selon des formes d'adhésion militantes et politiques. Les pratiques de lecture ne sont pas toujours celles que souhaitent les journaux. A travers la presse, les Français touchent à une affaire qui concerne Paris, l'État, les pouvoirs supérieurs, la diplomatie, la guerre, tous ces domaines dont ils sont exclus. L'événement les fait accéder à un niveau supérieur d'information, de même que les réunions dreyfusardes et antidreyfusardes leur donnent l'occasion de sortir, de voir du monde, de se retrouver entre soi. Les section provinciales de la Ligue des droits de l'homme traduisent cette recherche de sociabilité pour des groupes sociaux en expansion : les médecins, les professeurs, les fonctionnaires, les employés, les ouvriers...

Usages sociaux et pratiques culturelles de l'Affaire

Il faut se garder de penser que l'affaire Dreyfus n'a engendré que des situations d'engagement radical. Toute une gamme de comportements s'est fait jour, depuis les mauvais canulars infligés à Quesnay de Beaurepaire (p. 54) jusqu'à la fréquentation mondaine des salles d'audiences. Les trésors d'imagination avec lesquels la presse tente de séduire de nouveaux lecteurs sont édifiants : cadeaux, promotions, suppléments (comme celui sur « les mensonges de la photographie » dans *Le Siècle*)... Ils traduisent bien des pratiques culturelles de l'Affaire qui ont finalement peu de rapport avec l'innocence ou la culpabilité de Dreyfus. Le succès immédiat du Tour de France créé en 1903 n'est pas lié aux convictions antidreyfusardes des fondateurs, mais s'explique simplement parce que cette « plus grande épreuve cycliste du monde entier » correspondait à un besoin d'appréhension de l'hexagone par la « petite reine » [109, 114].

L'affaire Dreyfus a représenté aussi une occasion d'émancipation pour des groupes jusque-là marginalisés. Les femmes et les ouvriers se passionnent pour l'Affaire, car celle-ci raconte une histoire qu'ils connaissent pour la vivre en d'autres lieux. Une pétition de femmes prend la défense de Lucie Dreyfus. Mathilde Salomon, qui a créé le collège Sévigné, s'engage aux côtés de ses amis Michel Bréal et Ferdinand Buisson [111]. Les grands dreyfusards reçoivent des lettres très nombreuses venant de femmes françaises et étrangères. Les jeunes filles rêvent de l'amant idéal tel qu'en lui-même apparaît le lieutenant-colonel Picquart, à l'opposé des maris auxquels elles sont promises.

L'identification est réelle. Et l'on peut se demander si le succès de *Cyrano de Bergerac*, qui tient l'affiche pendant toute l'année 1898, n'est pas lié à ce personnage romantique qui affronte les puissants et croit dans la justice...

L'étranger et l'affaire Dreyfus

« Il n'appartient pas à *l'étranger* de sauver un traître [...]. Quand un gouvernement étranger vient nous dire qu'il n'a pas employé le capitaine Dreyfus, c'est à négliger », écrit Maurice Barrès pendant le procès de Rennes. L'étranger est pourtant omniprésent dans l'affaire Dreyfus. Au moins deux pays sont liés avec Esterhazy : l'Allemagne et l'Italie. L'Angleterre sert de base de repli à Zola, puis à Esterhazy. Bernard Lazare utilise les imprimeries de Bruxelles et demande des expertises à plusieurs experts étrangers dont l'un, Paul Moriaud, professeur à Genève, vient témoigner au procès Zola.

L'impact de l'affaire Dreyfus à l'étranger est immense, mais les travaux de recherche manquent pour l'apprécier pleinement [142]. L'étranger est unanimement dreyfusard : il faut faire cependant la part, dans cette conviction, des sentiments dreyfusards et de leur utilisation par les chancelleries. L'Allemagne, dont la position dans l'Affaire manque de clarté, se sert de l'Affaire pour fragiliser la position de la France dans les pays convoités par les deux puissances coloniales et pour détacher les Alsaciens des Français.

Une abondante correspondance en provenance de l'étranger l'atteste : l'affaire Dreyfus a représenté un moment de la conscience européenne au tournant du siècle. Elle est entrée dans la mémoire des peuples opprimés, d'Europe méditerranéenne en particulier. Cette ferveur de l'étranger a renforcé chez les dreyfusards un universalisme, condamné par les antidreyfusards qui parlent du « parti de l'étranger ».

IX / La réhabilitation du capitaine Dreyfus (1902-1906)

La recherche du fait nouveau

En 1900, les Français se sont détachés de l'Affaire. La grâce a été acceptée par le pays et chacun peut y lire la culpabilité ou l'innocence de Dreyfus. Ce dernier passe de longs mois en Suisse. La presse se passionne désormais pour l'Exposition universelle et le métro parisien. Rares sont les contemporains qui imaginent que l'événement puisse ne pas être terminé. Les nationalistes dénoncent de temps à autre une tentative pour relancer l'Affaire, mais eux-mêmes échouent à passionner l'opinion sur cette question comme à s'opposer à l'anticléricalisme. La stabilité générale née des recompositions politiques et sociales donne au Bloc des gauches une capacité d'absorption des extrêmes. Mais c'est précisément cette stabilité qui lui permet en 1903 d'accompagner l'action d'un groupe dreyfusard désireux d'obtenir pour Dreyfus la réhabilitation nécessaire.

Car de nouvelles enquêtes ont commencé sous l'impulsion des derniers dreyfusards. Elles tendent à rechercher des faits nouveaux qui pourraient encourager le gouvernement à saisir la Cour de cassation de l'arrêt du procès de Rennes. Les premières investigations, menées par Mathieu Dreyfus, s'orientent vers l'hypothèse de photos du « bordereau annoté » montrées aux juges pendant leur délibéré. Elles auraient emporté la décision, comme le « dossier secret » en décembre 1894. La conviction de Mathieu Dreyfus se fonde en particulier sur les confidences du lieutenant-colonel Jourdy reçues par G. Wyrouboff, chimiste, professeur au Collège de France. Ce juge suppléant à Rennes lui aurait déclaré que « pendant tout le procès, les juges avaient parlé fréquemment du bordereau annoté dont l'existence leur avait

été révélée pendant le procès de Rennes par *L'Intransigeant*
ou *La Libre Parole* et que *plusieurs* tenaient le bordereau sur
papier pelure pour un calque » [12, p. 323]. Un dîner réunit alors, en février 1901, Alfred et Mathieu Dreyfus, Jaurès, Dupuy, Lanson, Painlevé, pour débattre de cette
question. Buisson se déclare lui aussi favorable à une nouvelle campagne pour Dreyfus. Mathieu Dreyfus relance Bernard Lazare et Raoul Allier. En même temps que l'Affaire,
c'est une dynamique dreyfusarde qui repart. Jaurès décide
alors de porter l'affaire à la Chambre.

La question nationaliste

Jaurès, réélu à la Chambre (après son échec de 1898),
dirige le Parti socialiste français et anime la « délégation des
gauches » qui représente les quatre groupes du Bloc des gauches. Mais les élections de mai 1902 n'ont pas été aussi favorables à la gauche républicaine que ne le laisse paraître la
formation du Bloc. Si la gauche l'emporte finalement au
second tour, au prix d'un certain antisocialisme, l'autre
enseignement du scrutin est la poussée nationaliste qui achève
de conquérir Paris en éliminant radicaux et socialistes des
quartiers du centre. C'est le cas d'une figure caractéristique
de la droite « ligueuse » et nationaliste, Gabriel Syveton, trésorier de la Ligue de la patrie française, élu au premier tour
dans le IIe arrondissement. Il a utilisé une affiche intitulée
« Ministère de l'étranger », dont le texte a été rédigé par
Jules Lemaître à partir d'une version approximative d'une
lettre de Galliffet à Waldeck-Rousseau. L'ancien ministre de
la Guerre désavoua l'affiche, mais l'expression connut un
beau succès. Elle avait surtout confirmé les méthodes et les
thèmes nationalistes pour qui l'affaire Dreyfus demeurait une
source essentielle de propagande. La gauche avait protesté,
mais la commission d'enquête parlementaire avait émis un
avis positif sur l'élection de Syveton.
Avec le débat sur la validation de cette élection, prévu dans
la séance du 6 avril, Jaurès voit qu'il tient l'occasion solennelle d'une relance de l'Affaire. Les conditions de l'élection
de Syveton traduisent le rôle du nationalisme dans l'Affaire
et l'exploitation qu'il a pu en faire, allant jusqu'à proclamer
que Waldeck-Rousseau a favorisé Dreyfus dans le procès de
Rennes. La « Défense de la République », à laquelle Jaurès
associe le socialisme, ne passe pas par une liquidation hon-

teuse de l'Affaire, mais bien par une dénonciation des responsabilités politiques, sociales et religieuses.

Son intervention est préparée avec soin. La famille Dreyfus, Raoul Allier, Louis Havet, Joseph Reinach, qui écrit l'*Histoire de l'affaire Dreyfus*, mettent leurs dossiers à sa disposition. De son côté, Jaurès avertit Combes, Brisson et Waldeck-Rousseau, qui promettent leur soutien.

Un discours de Jaurès, 6-7 avril 1903

Il faut deux séances pour que Jaurès, de la tribune de la Chambre, délivre son discours. Il s'élève contre les travaux de la commission d'enquête et démontre, par les dépositions de Jules Lemaître et d'Ernest Judet, que l'ensemble du parti républicain était visé dans le « Ministère de l'étranger » : « Il s'agit de savoir si nous acceptons indéfiniment ce système de calomnies, et, lorsque nous élevons ici la parole pour répondre et pour protester, il y a des hommes, même dans le parti dont je suis, qui nous disent : ''Prenez garde, il ne faut pas rouvrir une agitation qui a été close !'' »

Jaurès en appelle donc au droit à la recherche sur un sujet tenu éloigné de la justice comme de la cité. Il rappelle que si le travail de la Cour de cassation en 1898-1899 a été nié par le Conseil de guerre à Rennes, le second procès Dreyfus a été dominé par « le vrai parti de l'étranger, [...] celui qui pendant quatre ans, dans l'intérêt de ses combinaisons, a fait appel par le faux à la signature d'un souverain étranger. [...] pendant quatre ans, toute la presse nationaliste, plusieurs des orateurs du parti nationaliste, toute la grande presse catholique ont affirmé qu'il existait, à la charge du condamné de 1894, une lettre, une note écrite de la main de Guillaume lui-même et accablante pour l'accusé ». L'analyse de Jaurès consiste alors à suivre pas à pas « l'histoire de la légende monstrueuse créée autour de ce faux » et même « l'histoire de ce faux lui-même ». Il retrouve la méthode utilisée dans *Les Preuves* contre le faux Henry. Grâce à une page inédite des *Mémoires* de Scheurer-Kestner, il révèle que, dès novembre 1897, l'État-Major faisait de la légende du « bordereau annoté » la vérité de l'Affaire. Pour Jaurès, le procès de Rennes a été dominé par cette légende, et une conclusion politique s'impose. « Ce n'est pas d'une procédure de révision qu'il s'agit, et, même si le système du bordereau annoté, si la légende de la lettre de Guillaume II, dont je vous ai raconté l'histoire, n'avait pas eu sur l'esprit des juges de

Rennes l'influence troublante qu'elle a eue sans doute, même si le verdict s'expliquait uniquement ou surtout par d'autres causes, le programme politique et social resterait, la responsabilité politique et sociale resterait, et nous, hommes politiques, nous parti républicain, nous aurions le devoir de chercher comment, du service de renseignements, a pu se propager pendant trois années une aussi monstrueuse légende. »

Le choix du gouvernement

Jaurès avance ses conclusions et demande à la Chambre de s'engager : « Si vous ne le faisiez pas, vous consacreriez vous-mêmes une jurisprudence électorale, politique, de calomnie meurtrière allant jusqu'aux racines mêmes de la vie nationale de ce pays. Que le parti qui a, depuis cinq ans, la responsabilité de tant de fautes commises, de tant de faux accumulés, que ce parti ait osé contre nous, contre la République, se dresser en accusateur ; si vous le tolériez, ce serait la stupeur de l'histoire, le scandale de la conscience et la honte de la raison. »

Il reçoit alors l'habile soutien du général André. Ce dernier, tout en réaffirmant que l'honneur de l'Armée ne peut être à aucun degré engagé dans cette affaire, tout en réaffirmant qu'il s'en tient au jugement du dernier Conseil de guerre, reconnaît « que la conscience de ce pays a singulièrement été inquiétée par l'apparition de circonstances atténuantes dans un crime de cette nature ». Il déclare que « le gouvernement entend faciliter, dans la plus large mesure, la recherche et la mise en évidence de la vérité dans l'affaire dont il s'agit aujourd'hui », et qu'il serait favorable à une enquête administrative sous contrôle des magistrats. Cavaignac intervient, prenant sans succès la tête des nationalistes, et Pressensé réattaque sur le télégramme Panizzardi.

L'intervention du gouvernement vole à Jaurès sa victoire. Son ordre du jour est repoussé au profit de celui du gouvernement, mais la Chambre vote quand même l'invalidation de Syveton. Jaurès est-il allé trop loin, a-t-il pris garde à une majorité encore largement antisocialiste ? Combes est contraint, pour ne pas se séparer des radicaux, de proposer un autre ordre du jour. Les dreyfusards s'alarment. L'enquête promise par Combes paraît déjà menacée. Une solution est trouvée : le général André conduira non pas l'enquête administrative demandée par Jaurès et repoussée par la Chambre, mais une enquête « personnelle » lancée aussitôt après la fin de la session parlementaire.

Cette enquête se fait sous la responsabilité d'un ministre très républicain mais incertain sur l'Affaire. Il s'adjoint son officier d'ordonnance, le capitaine Targe, et le directeur du contentieux au ministère de la Guerre. Elle s'achève six mois plus tard par un rapport adressé au président du Conseil, le 19 octobre 1903. Il est accablant pour l'ancien État-Major. Targe a confronté tous les dossiers de 1894 avec ceux du procès de Rennes. Il a fouillé dans les archives de la Section de statistique et interrogé longuement l'archiviste Gribelin, véritable mémoire du service. Les résultats dépassent les espérances dreyfusardes. Gonse, Henry et même Cuignet ont écarté des pièces allemandes favorables à Dreyfus (sur le trafic des plans directeurs). La comptabilité de la Section a été falsifiée pour faire disparaître Val Carlos et donc masquer les faux rapports Guéné. Henry, pour nuire à Picquart, a modifié la gestion des fonds secrets. Enfin, deux faux inédits sont découverts, qui devaient être accablants pour Dreyfus et qui le sont pour l'ancien État-Major, car les copies des premiers originaux sont retrouvées à la Section.

Malgré l'importance des résultats, Combes tergiverse. Il finit par transmettre au garde des Sceaux, le 22 novembre 1903, le rapport Targe ainsi que tout le dossier de l'enquête. Parallèlement, le gouvernement demande à Dreyfus de déposer une requête en révision du procès de Rennes. Ce qu'il fait en reprenant les révélations de Jaurès et les conclusions (encore officieuses) de l'« enquête personnelle ». Le 27 novembre, le Conseil des ministres autorise le ministre de la Justice, Eugène Vallé, à saisir la commission de révision. Elle se déclare, le 24 décembre, favorable à la révision à l'unanimité. Le lendemain, la Cour de cassation est saisie de l'arrêt du Conseil de guerre de Rennes.

Une procédure lente et difficile

Il faut attendre le 12 juillet 1906 pour que la Cour de cassation déclare en séance publique que « de l'accusation portée contre Dreyfus rien ne reste debout », et réhabilite l'officier. Cette procédure longue de plus de deux ans et demi ne s'explique pas seulement par les hésitations gouvernementales. Les oppositions publiques sont absentes, et la Cour se donne pour ambition d'appuyer l'arrêt de réhabilitation d'une enquête exceptionnelle. Le volume des dossiers, la complexité des faits ralentissent la procédure. L'indépendance du procureur général Manuel Baudoin le conduit, en juriste, à se séparer dans ses réquisitions des instructions du garde des Sceaux. Mais, travaillant sans relâche pendant un mois, il comprend l'innocence de Dreyfus, et adresse son réquisitoire introductif aux conseillers de la chambre criminelle. L'audience publique s'ouvre le 3 mars 1904 par le rapport du conseiller Boyer, nommé par le président Chambareaud. Il conclut à une enquête supplémentaire, mais ne retient pas la thèse d'une communication secrète du « bordereau annoté » à Rennes. Baudouin poursuit, affirmant l'innocence de Dreyfus, réclamant la cassation sans renvoi, et dénonçant la justice militaire. Le 5 mars, la chambre criminelle déclare recevable la demande de révision du jugement de Rennes et ordonne une enquête.

La chambre criminelle exige de tout voir, d'entendre tous les témoins, en se donnant les garanties maximales : le procureur général et Mornard sont autorisés à assister aux audiences plénières. Deux rapports extérieurs sont demandés, le premier émanant de l'État-Major sous la responsabilité du général Sebert, spécialiste de l'artillerie et membre de l'Académie des sciences, qui démontre l'innocence de Dreyfus en face du bordereau ; le second, de trois mathématiciens incontestés (et dreyfusiens discrets), Paul Appell, Henri Poincaré, Gaston Darboux, universitaires prestigieux et membres eux aussi de l'Académie des sciences. Après une étude des thèses de Bertillon qui avaient impressionné les enquêteurs comme les juges militaires, ils concluent à l'imposture scientifique, ruinant l'une des veines de la littérature d'extrême droite. L'enquête terminée, la loi de dessaisissement, qui ne sera abrogée au Parlement que le 5 mars 1909, oblige la chambre criminelle à la transmettre aux chambres réunies. Trois rapporteurs sont désignés successivement par le premier président Ballot-Beaupré. Seul le dernier, Moras, réussit à terminer son rapport.

Le 9 mars 1905, le procureur général achève un réquisitoire de 800 pages. Citant *Les Provinciales*, Baudouin invite la Cour à casser le jugement de Rennes, à proclamer l'innocence de Dreyfus et prend position dans un débat juridique devenu fondamental en écartant le renvoi devant un autre Conseil de guerre comme l'autorise la loi lorsque « l'annulation du jugement ne laisse rien subsister qui puisse être qualifié crime ou délit ». C'est aussi amorcer un mouvement de dessaisissement de la justice militaire.

Une vérité sur l'Affaire

L'énorme travail de la Cour de cassation a fait l'objet d'une édition publique *in extenso* de la Ligue des droits de l'homme en 1907. On y lit toute une histoire de l'Affaire. La Cour de cassation a montré qu'il était possible de fonder la justice sur une exigence de vérité, gage inestimable d'égalité entre les citoyens et de dignité de l'État républicain. Si ce vœu est rarement respecté, il demeure dans sa possibilité et fonctionne comme un principe de démocratie.

Rendant hommage aux dreyfusards, et à ceux qui, dans l'Armée et dans la magistrature, se sont opposés à l'arbitraire, la Cour de cassation a établi, juridiquement et historiquement, l'innocence de Dreyfus. L'ultime acquis de la Cour de cassation tient dans le message politique qu'elle délivre aux responsables politiques. Si la réconciliation nationale s'impose dans une crise majeure comme l'affaire Dreyfus, elle ne passe pas forcément par la voie honteuse de l'amnistie. Une voie plus courageuse existe, faite d'exigence de vérité et d'examen des responsabilités. Cette voie reste d'actualité pour la France, si l'on songe à la Collaboration, à la guerre d'Algérie. Cette voie est la seule capable d'éloigner le spectre de ces crises qui font douter de la République et désespèrent ceux qui n'ont qu'elle pour héritage, un officier juif en 1894, un étudiant d'origine étrangère en 1994, tous deux citoyens français à un siècle d'écart.

Réhabilitation, réparation, honneur

Sitôt énoncée, cette voie courageuse est infirmée par le gouvernement. La procédure marque le pas pour des raisons politiques : l'affaire ne peut venir devant les Chambres réunies qu'après les élections législatives de mai 1906, la situation de l'ancienne majorité s'étant dégradée avec la démission de Combes en janvier 1905 au point que l'éclatement du Bloc s'est réalisé dans la dernière année de législature. Le prétexte trouvé pour retarder la procédure est la saturation de la Cour. Les précautions du gouvernement sont pourtant inutiles. L'affaire Dreyfus est absente de la campagne qui est dominée par d'autres questions (la séparation de l'Église et de l'État). La nouvelle majorité gouvernementale compte 420 députés, certains radicaux et radicaux-socialistes étant même élus avec des voix de droite.

Clemenceau s'impose comme le vainqueur des élections.

Il accède à la présidence du Conseil et relance la Cour de cassation. L'audience des chambres réunies commence le 15 juin 1906, dans une relative indifférence. La lecture du rapport Moras dure jusqu'au 22 juin, puis le procureur général Baudouin prononce un long réquisitoire, très passionné, qui provoque une série de réactions parmi les anciens protagonistes de l'Affaire. Du Paty de Clam, Cuignet, Esterhazy, Mercier protestent, mais prouvent une nouvelle fois l'inanité de leurs preuves. Mercier, sommé par *La Libre Parole* de tout révéler, se contente de rectifier la date de la « nuit historique ». La plaidoirie de Me Mornard se place dans la perspective ouverte par Baudouin : la cassation sans renvoi. L'évolution est grande depuis 1899, à l'image de Ballot-Beaupré, opposé à la cassation sans renvoi à l'époque où il était rapporteur, et maintenant favorable, soutenu par les présidents de chambre, Bard pour la chambre criminelle, Sarrut (p. 38) pour la chambre civile, et Tanon pour la chambre des requêtes. Le 12 juillet, la Cour de cassation, par la voix de son premier président, casse le verdict du Conseil de guerre de Rennes. Dreyfus est rétabli dans son grade de capitaine.

L'arrêt de la Cour de cassation ouvre la voie aux décisions politiques. Le 13 juillet, la Chambre vote deux projets de loi soumis par le gouvernement concernant Dreyfus et Picquart. Dreyfus est promu chef d'escadron (commandant) à la date de la promulgation de la loi et élevé au rang de chevalier de la Légion d'honneur. Picquart est réintégré dans l'Armée avec le grade de général de brigade et trois ans d'ancienneté. Mais la durée de la déportation n'est pas comptée comme ancienneté pour Dreyfus. Il ne peut plus prétendre à la brillante carrière à laquelle il était promis.

D'autres dreyfusards sont honorés sur l'initiative de quelques députés et sénateurs. Au Sénat, toujours le 13 juillet, Monis, garde des Sceaux, au nom des groupes de gauche, fait voter une résolution qui rend hommage au courage civique de deux sénateurs disparus, Scheurer-Kestner et Trarieux. Ils entrent au Panthéon de la gauche et, désormais, le buste de ces « deux grands citoyens » sont placés dans « la galerie qui précède la salle des séances ». La Chambre, elle, rend « hommage aux artisans de la révision » et particulièrement à Brisson ! Elle vote l'affichage de l'arrêt de réhabilitation et décide, sur proposition de Jaurès et d'Allemane, du transfert des cendres de Zola au Panthéon.

Mais le débat sur la loi concernant Picquart est tendu. L'historien Denys Cochin et Maurice Barrès prennent la parole. Pressensé exige des mesures contre les crimes d'officiers que la loi d'amnistie ne peut couvrir. Le nationaliste Pugliesi-Conti l'interpelle au nom de l'honneur de l'Armée en injuriant le gouvernement. Au Sénat, Mercier dénonce, le 14 juillet, la Cour de cassation qui aurait suivi une procédure irrégulière. Delpech lui répond qu'il mérite le bagne à la place de « l'honorable victime dont l'innocence, après de si terribles souffrances, a été proclamée hier ».

Le 20 juillet 1906, Dreyfus reçoit la Légion d'honneur dans la petite cour de l'École militaire. Il a repoussé la proposition de la recevoir dans la grande cour. Seuls assistent à cette cérémonie d'hommage les proches de Dreyfus ainsi que Picquart, Baudouin et Anatole France. A ses côtés, le commandant Targe est élevé au grade d'officier de la Légion d'honneur. Dreyfus va vers Picquart, lui serre la main, se prend à crier « Vive la république ! Vive la France ». Le 14 juillet 1907, Dreyfus est mis à la retraite sur sa demande. Il est mobilisé pendant la Première Guerre mondiale et participe aux combats de Verdun.

Une victoire fragile

Mais la victoire est fragile. Au cours de la cérémonie de transfert des cendres de Zola au Panthéon, le 4 juin 1908, un journaliste d'extrême droite, Grégori, tente de l'abattre de deux coups de feu. Dreyfus n'est que légèrement blessé. La cour d'assises de la Seine acquitte l'assassin lors d'un procès que l'Action française avait choisi de politiser. « C'est la révision de la révision », s'écrit Grégori, préparant le cri de Charles Maurras condamné à la Libération : « C'est la revanche de Dreyfus. » Le journaliste lui dédie son « compte rendu » de procès qui n'est rien d'autre qu'une collection d'extraits largement commentés et manipulés. L'acquittement de Grégori lance le signal d'une nouvelle campagne antisémite où s'illustre particulièrement le commandant Cuignet. La Cour de cassation est attaquée à nouveau pour avoir fait afficher l'arrêt de réhabilitation. En 1908, l'inauguration du monument Bernard-Lazare à Nîmes donne lieu à une violente manifestation antisémite. Aristide Briand, devenu président du Conseil, réagit sans fermeté. Nationalistes et antisémites sont restés maîtres du terrain. La Première Guerre mondiale, rapprochant les soldats dans la solidarité et l'horreur, fera des combattants juifs des Français *presque* comme les autres.

Conclusion : l'Affaire au présent

L'affaire Dreyfus, ou l'histoire

Il n'y a plus d'énigmes sur l'Affaire. L'ensemble des recherches critiques a permis de dégager une vérité nécessaire que Marcel Thomas a établie solidement. Le premier à disqualifier la « contre-histoire » sur l'Affaire est l'Allemand Bruno Weil qui a utilisé en 1930 les papiers de Schwartzkoppen [4]. Ses *Carnets*, traduits par l'historien des sciences Alexandre Koyré [20], confirment l'innocence de Dreyfus et la culpabilité d'Esterhazy. Après la Seconde Guerre mondiale, Jacques Kayser réalise la première histoire de l'Affaire, en inscrivant son étude dans un contexte radicalement transformé. Ainsi l'antisémitisme ne débouchait-il pas seulement sur des littératures assassines et des articles délateurs, mais sur la programmation d'un génocide par une dictature raciste et totalitaire. Constat terrible de ce lien possible entre l'affaire Dreyfus et la destruction des juifs en Europe qu'indique Jacques Kayser : « A la mémoire de Madeleine Lévy, petite-fille d'Alfred Dreyfus, qui, ayant accompli, elle aussi, comme son grand-père, son devoir de patriote français, et ayant été, comme lui, martyrisée, a été assassinée à Auschwitz, en 1944, à l'âge de vingt-deux ans. »

L'affaire Dreyfus n'a pas vacciné la France contre l'antisémitisme. L'extrême droite raciste et totalitaire est née en partie de l'Affaire. Cependant, faire de l'antisémitisme antidreyfusard une composante du racisme hitlérien et un ressort du génocide juif est un amalgame contestable. En revanche, beaucoup plus sérieux est le constat, à cinquante ans d'écart, d'une même démission, celle de fonctionnaires républicains appliquant en toute indifférence des ordres terribles, l'enchaînement de Dreyfus à l'île du Diable ou la déportation des juifs et des étrangers pour le compte de l'Allemagne.

L'engagement des historiens dans l'affaire Dreyfus et le travail historien immédiat sur l'événement ont été violemment dénoncés par les antidreyfusards. En même temps, l'affaire Dreyfus a été exploitée à une échelle sans précédent par les écrivains, les polémistes, les littérateurs de journaux pour lui faire dire tout et son contraire, si bien que tout sur l'Affaire a fini par être autorisé. L'événement s'y prêtait même. Ne recèle-t-il pas du romanesque, du tragique, du mystère ? Une « contre-histoire » s'est donc emparée de l'affaire Dreyfus. L'acte fondateur fut la parution en 1909 du *Précis de l'affaire Dreyfus* de « Dutrait-Crozon », un ouvrage signé par deux militants de l'Action française. Pierre Vidal-Naquet a décrypté le système de vérité qui parcourt le livre et qui fait de lui un ancêtre des écrits « négationnistes »*. Dutrait-Crozon ont ouvert la voie aux spéculations douteuses sur l'Affaire (Henri Giscard d'Estaing, *D'Esterhazy à Dreyfus*, 1951 ; Henri Guillemin, *L'Énigme Esterhazy*, 1962 ; Michel de Lombarès, *L'Affaire Dreyfus*, 1985) et inspiré une littérature antisémite marginale (André Figueras, *Ce canaille de D... reyfus*, 1985). Mais persiste encore la conviction que Dreyfus reste coupable, à l'intar du juif, de l'étranger, de l'intégré, qu'il a été [98, p. 157].

Ainsi Pierre Vidal-Naquet est-il venu à l'étude de l'affaire Dreyfus pour comprendre les mécanismes du « négationnisme » et pour suivre la trace de son grand-oncle dreyfusard. Mais cet historien est d'abord un spécialiste de l'Antiquité grecque, un domaine où la rareté des sources (contrairement à l'époque contemporaine) oblige à un intense travail d'interprétation des matériaux et d'interrogation de son savoir : « Dreyfus dans l'Affaire et dans l'histoire », préface à *Cinq années de ma vie (1894-1899)*, restitue bien une « vraie vie » d'Alfred Dreyfus [51].

La mémoire de l'événement

Les historiens disposent aujourd'hui d'un nouvel objet de recherche : la mémoire des événements, la trace qu'ils déposent jusqu'à nous et qui forme de nouvelles représentations. La relation de la conscience collective avec ce passé organise cette mémoire, étudiée pour la France dans la série des *Lieux*

---

* *Les Assassins de la mémoire*, La Découverte, Paris, 1987.

de mémoire dirigée par Pierre Nora. Elle n'est envisagée que sous l'angle des « Juifs au cœur de l'histoire de France » (Pierre Birnbaum, *Les France*, III [109]). L'absence d'un « lieu » propre de l'affaire Dreyfus a de quoi surprendre : elle renvoie néanmoins à de multiples signes comme l'oubli de l'Affaire dans les célébrations nationales de 1994-1995 ou la polémique née en 1985 de l'installation d'une statue du capitaine Dreyfus à l'École militaire, finalement placée dans les jardins des Tuileries. L'affaire Dreyfus n'est pas le seul événement passé à susciter le malaise dans la mémoire, mais rares sont ceux qui bénéficient en même temps d'une telle familiarité. La transformation de la mémoire nationale, puisqu'il est d'usage que les centenaires en posent maintenant la question, passe à notre avis par une intensification de la recherche scientifique et une valorisation pédagogique de l'histoire. C'est ce que ce livre a voulu notamment montrer.

Une modernité

Comme objet d'histoire, l'affaire Dreyfus incarne bien une certaine modernité. Elle l'incarne aussi comme sujet d'interrogation civique, comme réflexion sur la République et sur l'État, et comme approche critique des intellectuels.

La victoire sans lendemain de 1906 rappelle le mouvement de la démocratie dont la certitude n'est jamais acquise, et qui doit combattre avec des valeurs fragiles comme le respect du droit et l'exigence de la justice. L'affaire Dreyfus, en opposant deux visions politiques de l'ordre social, insiste sur la voie d'une République ouverte et solidaire, sur l'avènement d'une culture politique nouvelle, citoyenne et partagée. L'Affaire a également perturbé les déterminismes sociaux et politiques. L'engagement a révélé d'autres clivages, mais aussi des communautés inavouables, des héritages immatériels, des fidélités agissantes qui organisent à leur manière la société. L'un de ces motifs d'organisation, c'est le savoir, sa diffusion, son partage, sa critique. L'affaire Dreyfus, par les forces qu'elle a mises en œuvre, exprime une histoire nationale qui retrouve les mutations intellectuelles et politiques du XVIIIe siècle, lorsque l'exigence de la raison, le dynamisme de la culture, l'interrogation sur la société sont devenus politiques. Les contemporains de l'Affaire en avaient conscience : la Révolution française a été un pôle majeur d'affrontement. Pierre Mendès France, l'homme de la la « République moderne », a voulu exprimer ce mouvement de liberté, dans un hommage à Zola :

« [...] elle est l'honneur de la France, elle fait notre fierté, cette lignée — à travers les temps et dans la diversité des philosophies et des croyances —, cette lignée d'écrivains et de penseurs qui ont su dédaigner les lauriers, les fleurs et l'encens, faire le don de leur repos et de leur sécurité, se placer à la pointe du combat contre la raison d'État, la haine de race et l'oppression, au nom de la justice et de la pitié, parce qu'ils ont pensé comme Zola : "Mon devoir est de parler. Je ne veux pas être complice. Mes nuits seraient hantées." Ces hommes-là apparaissent dans notre histoire comme ces phares, dont Baudelaire disait qu'ils sont "le meilleur témoignage que nous puissions donner de notre dignité*". »

L'affaire Dreyfus a révélé l'importance de la relation entre l'État et le citoyen pour développer la République. Cette relation s'illustre particulièrement dans deux institutions, l'Armée et la Justice, dont le rôle dans l'Affaire a été fondamental. L'Affaire a montré que la mesure de la République et de son évolution passait au tournant du siècle par l'analyse critique de ces deux institutions. Il est possible que cette démarche n'ait pas perdu de sa pertinence. Penser la République au tournant du XXIe siècle amène à se poser de telles questions, à interroger doublement Armée et Justice pour saisir le sens des sociétés contemporaines. L'actualité le sollicite fréquemment. La Cour de cassation joue un rôle essentiel dans le travail de mémoire auquel la France se décide en face de son passé de l'Occupation nazie. Le 23 novembre 1993, le président du Conseil constitutionnel rappelait que, « dans tout État démocratique, rien ne peut empêcher que le juge soit source de droit. Et le citoyen a tout lieu de s'en féliciter ». Le 6 décembre suivant, la révélation du rapport de Pierre Dabezies, ancien officier de la France libre, agrégé de sciences politiques, a montré une coupure entre l'Armée et la société. Analysant, pour le compte du ministère de la Défense, la situation de l'École spéciale militaire de Saint-Cyr-Coëtquidan qui forme les officiers de l'armée de terre, il observe que « les militaires sont parfois écorchés vifs. Ils ont le sentiment d'être mal aimés [...]. Ceci donne naissance à une sorte de syndrome — disons le syndrome Dreyfus — qui les porte à juger douteuse, sinon

---

* La vérité guidait leurs pas, Gallimard, « Témoins », Paris, 1976, p. 76-77.

insultante, toute critique : pire, à y voir une traîtrise, la mise en cause d'hommes "prêts à mourir pour la patrie" étant facilement assimilée à la mise en cause de la patrie elle-même » *(Libération)*. L'affaire Dreyfus, bien sûr, ne se répète pas [98], mais les questions qu'elle pose sur les engagements publics et sur l'exercice de l'autorité demeurent.

L'intellectuel dreyfusard rappelle de son côté qu'un principe critique — et non une idéologie ou une vérité — a été à l'origine d'un engagement représentatif d'une société intellectuelle, d'une conscience de citoyenneté et d'une éthique du savoir. Cet intellectuel non dogmatique, inventeur de formes d'action communautaires, soucieux de l'autre même lorsqu'il est étranger, est d'actualité. Le retour annoncé de l'intellectuel dreyfusard n'est pas une surprise. Il ne s'est guère séparé de la République, surtout lorsqu'elle apparaissait en danger. L'engagement dans la guerre d'Algérie est à cet égard exemplaire [142, p. 27]. Le comité Maurice-Audin regroupait des « intellectuels dreyfusards » comme Pierre Vidal-Naquet [143]. Le travail de publication critique *(La Torture dans la République)* ou l'élaboration de pétitions emblématiques (les « 121 ») témoignaient d'une survivance dreyfusarde et de recompositions parallèles. Maurice Blanchot, homme venu de « droite » tout autant qu'écrivain remarquable, en était. Dans un article de 1984, il revenait sur l'engagement des poètes et des savants en faveur de Dreyfus, « en faveur du plus proche » : « C'est enfin, pour celui dont la vocation est de se tenir en retrait loin du monde [...] la nécessité urgente de s'exposer aux "risques de la vie publique"en se découvrant responsable de quelqu'un qui, apparemment, ne lui est rien [...] » [133]. Cette responsabilité inattendue, ces relations plus humaines, ce lien entre le savoir et la cité font l'histoire aujourd'hui. Et l'affaire Dreyfus, parce qu'elle les a créés, ressemble à une morale*.

---

* Un livre, c'est une forme intellectuelle, mais c'est aussi le reflet d'influences et d'amitiés. Qu'il me soit permis de remercier pour ce que je leur dois Madeleine Rebérioux, Jacques Revel, Christophe Prochasson, Bertrand Joly, Jean-Daniel Pariset et mes amis des Archives et d'ailleurs. Et si ce petit livre mérite des dédicataires, ce seront les « quatre dames de Beaulieu ».

Sources et bibliographie*

Il est indispensable de se rapporter à trois ouvrages essentiels :

[1] REINACH Joseph, *Histoire de l'affaire Dreyfus*, 7 volumes, Fasquelle, 1903-1929.
[2] THOMAS Marcel, *L'Affaire Dreyfus*, Fayard, 1961.
[3] BREDIN Jean-Denis, *L'Affaire*, Julliard, 1983 (Fayard/Julliard, 1993).

Une bonne synthèse étrangère est fournie : du côté allemand par Bruno WEIL, *L'Affaire Dreyfus*, Gallimard, 1930 [4] ; du côté américain par Guy CHAPMAN, *The Dreyfus Case*, Westport, Greenwood Press, 1979 [5].

Pour une approche de la « contre-histoire » de l'Affaire et de la manipulation des documents, il faut regarder (avec une prudence critique) :

[6] DUTRAIT-CROZON Henri, *Précis de l'affaire Dreyfus*, Librairie de l'Action française, 1924 (Trident, 1987).

I. Les sources non imprimées

Les Archives nationales possèdent les fonds essentiels pour la connaissance de l'affaire Dreyfus. Ce sont les cartons de la sous-série BB19 qui renferment les dossiers de la Cour de cassation lors des deux révisions : si Marcel Thomas a largement utilisé ces archives pour son *Affaire sans Dreyfus* [2], l'absence d'un inventaire précis en limite l'accès. Les Archives de police générale (série F7) rassemblent plusieurs dizaines de cartons, et celles du ministère de l'Instruction publique ne sont pas inutiles (F17). La section des Archives privées conserve les papiers personnels d'acteurs et de témoins de l'Affaire (comme ceux du conseiller Bard).

Le Service historique des armées à Vincennes détient le « dossier secret », mais une grande partie des documents militaires sont aux Archives nationales en BB19. *Les archives diplomatiques* sont conservées au ministère des Affaires étrangères et *les archives allemandes* ont disparu [54]. *Les archives départementales de Paris* ne possèdent aucun document du procès Zola. En revanche, plusieurs centres d'archives départementales ou des musées conservent des archives sur l'Affaire, en particulier à Rennes (*AD d'Ille-et-Vilaine* et *Musée de Bretagne*). *Les Archives de la préfecture de police* sont particulièrement riches pour les dossiers personnels.

La Bibliothèque nationale possède les papiers personnels et les correspondances de personnages importants de l'Affaire, de Joseph Reinach à Ferdinand Brunetière. Les papiers de Waldeck-Rousseau se trouvent à la Bibliothèque de l'Institut.

Enfin, *les archives familliales* en France et à l'étranger constituent des sources non imprimées indispensables pour approfondir la connaissance de l'impact de l'affaire Dreyfus.

II. Les sources imprimées

Les sources imprimées sont importantes (plus de 3 000 références), considérables si l'on y ajoute les périodiques, les dizaines de milliers d'articles publiés entre 1894 et 1908 (entre deux et trois articles par quotidien fin 1894-1895 et en 1898-1899), et impressionnantes lorsque sont prises en compte les publications étrangères.

La Bibliothèque nationale publiera en 1995 une nouvelle bibliographie de 4 000 notices qui associe recension des sources imprimées, un rappel des sources non imprimées et un état de la recherche

---

* Le lieu d'édition est Paris, *sauf mention contraire.*

française et étrangère (Vincent Duclert, *Bibliographie générale de l'affaire Dreyfus*).

Il n'existe pas d'édition actuelle des sources premières, sauf un recueil des débats du procès Zola édité par Marcel Thomas (3 tomes, Genève, Idégraf, 1980). En revanche de nombreuses sources secondaires sont disponibles en éditions récentes, pourvues généralement de préfaces et d'appareils critiques (notes, bibliographies...) précieux. Ils concernent essentiellement les engagements dreyfusards, à travers des récits, des souvenirs et des correspondances :

[7] Dreyfus Alfred, *Cinq années de ma vie (1894-1899)*, préface de Pierre Vidal-Naquet, Maspero, 1982 et La Découverte, 1994.
[8] Barrès Maurice, *Scènes et doctrines du nationalisme*, Plon, 1925.
[9] Lazare Bernard, *L'Antisémitisme, son histoire et ses causes*, 1894 (La Différence, 1982 ; préface de Jean-Denis Bredin, Éditions 1900, 1990).
[10] Lazare Bernard, *Une erreur judiciaire. La vérité sur l'affaire Dreyfus*, P.-V. Stock, 1897 (présenté par Philippe Oriol, Allia, 1993).
[11] Blum Léon, *Souvenirs sur l'Affaire*, Gallimard, 1935 (préface de Pascal Ory, « Idées », 1982 et 1993).
[12] Dreyfus Mathieu, *L'Affaire telle que je l'ai vécue*, Grasset, 1978.
[13] « *Dreyfusards !* », souvenirs de Mathieu Dreyfus et autres inédits, présentés par Robert Gauthier, Gallimard-Julliard, « Archives », 1965.
[14] Jaurès Jean, *Les Preuves. L'Affaire Dreyfus*, La Petite République, 1898 (préface de Madeleine Rebérioux, Le Signe, 1981).
[15] Mirbeau Octave, *L'Affaire Dreyfus*, présenté par Pierre Michel et Jean-François Nivet, Séguier, 1991.
[16] Paléologue Maurice, *Journal de l'affaire Dreyfus 1894-1899*, Plon, 1955.
[17] Péguy Charles, *Notre jeunesse*, 1913 (présenté par Jean Bastaire, Gallimard, « Folio-Essais », 1993).
[18] Renard Jules, *Journal 1887-1910*, Robert Laffont, « Bouquins », 1990.
[19] Scheurer-Kestner Auguste, *Mémoires d'un sénateur dreyfusard*, présenté par André Roumieux, Strasbourg, Bueb et Reumaux, 1988.
[20] Schwartzkoppen Maximilien von, *Les Carnets de Schwartzkoppen. La vérité sur l'affaire Dreyfus*, traduit de l'allemand par Alexandre Koyré, Rieder, 1930.
[21] Zola Émile, *J'accuse... ! La Vérité en marche*, Fasquelle, 1901 (préface de Colette Becker, Garnier-Flammarion, 1969 ; préface d'Henri Guillemin, Bruxelles, Complexe, 1988 ; présenté par

Jean-Denis Bredin, Imprimerie nationale, « Acteurs de l'histoire », 1992).

Deux éditions très récentes donnent une idée de la richesse de ces sources et de leur utilisation pour la connaissance des milieux intellectuels :

[22] Caullery Maurice, *Souvenirs d'un biologiste*, édité par Eva Telkes, préface d'Étienne Wolff, Lyon, Presses universitaires de Lyon, 1993.
[23] Halévy Élie, *Correspondance générale*, préface de François Furet, Bernard de Fallois, 1994.

III. L'état de la recherche

Cette liste n'est qu'indicative. Notre choix a été guidé par les prolongements qui peuvent être réalisés en partant de ces références et par les bibliographies complémentaires que comportent ces livres ou articles.

Une histoire générale du xix⁰ siècle

[24] Aulhon Maurice, *La République 1880-1932*, I, Hachette, « Pluriel », 1990.
[25] Caron François, *La France des patriotes de 1851 à 1918*, Fayard, 1985.
[26] Carpentier Jean (dir.), *Histoire de France*, Seuil, 1987.
[27] Hobsbawn Éric, *Le Temps des empires*, Fayard, 1989.

Une histoire de la France au « tournant du siècle »

[28] Duroselle Jean-Baptiste, *La France de la « Belle Époque »*, Richelieu, 1972 (FNSP « Références », 1992).
[29] Lejeune Dominique, *La France de la Belle Époque 1896-1914*, Armand Colin, « Cursus », 1991.
[30] Mayeur Jean-Marie, *Les Débuts de la IIIᵉ République 1871-1898*, Seuil, « Points-Histoire », 1973.
[31] Rebérioux Madeleine, *La France radicale ? 1898-1914*, Seuil, « Points-Histoire », 1975.

Les histoires de l'Affaire (outre *L'Affaire* [3] et *L'Affaire sans Dreyfus* [2] indispensables pour tout travail sérieux sur l'affaire Dreyfus)

[32] Peter Jean-Pierre, « Dimensions de l'affaire Dreyfus », *Annales ESC*, novembre-décembre 1961.
[33] Peter Jean-Pierre, « L'affaire Dreyfus », *Encyclopedia Universalis*.
[34] Peter Jean-Pierre et Bloch Marc, *L'Étrange Défaite*, Gallimard, « Folio-Histoire », 1990. [Un modèle d'analyse historienne sur la crise en 1940.]

L'Affaire : le regard de l'étranger

[35] Burns Michael, *Dreyfus: A Family Affair 1789-1945*, Londres, Chatto and Windus, 1992 (trad. française, Fayard, 1994).
[36] Franzen Nils Olof, *Dreyffüsaffären*, Stockholm, 1983.
[37] Griffiths Richard, *The Use of Abuse: the Polemics on the Dreyfus Affair and its Aftermath*, New York, 1991.
[38] Hoffmann Robert L., *More than a Trial: the Struggle over Captain Dreyfus*, New York, The Free Press, 1980.
[39] Johnson Douglas, *France and the Dreyfus Affair*, Londres, Blawford Press, 1966.
[40] Lewis David L., *Prisoners of Honor; the Dreyfus Affair*, New York, Morrow, 1973.

Les prodromes de l'Affaire

[41] Burns Michael, *Rural Society and French Politics. Boulangism and the Dreyfus Affair 1886-1900*, Princeton, Princeton University Press, 1984.
[42] Garrigues Jean, *Le Boulangisme*, PUF, « Que sais-je ? », 1992.
[43] Mollier Jean-Yves, *Le Scandale de Panama*, Fayard, 1991.
[44] Sanson Rosemonde, « La "fête de Jeanne d'Arc" en 1894. Controverse et célébration », *Revue d'histoire moderne et contemporaine*, juillet-septembre 1973.
[45] Verdes-Leroux Jeannine, *Scandales financiers et antisémitisme catholique*, Centurion, 1969.

Les juifs, l'antisémitisme et l'Affaire

[46] Birbaum Pierre, « La France aux Français », Seuil, « xxᵉ siècle », 1993.
[47] Byrnes Robert F., *Antisemitism in Modern France, I: Prologue to Dreyfus*, New Brunswick, New Jersey, 1950.
[48] Furet François, « Les Juifs et la démocratie française », *L'Atelier de l'histoire*, Flammarion, 1982.
[49] Marrus Michael R., *Les Juifs de France à l'époque de l'affaire Dreyfus*, Bruxelles, Complexe, 1985.
[50] Simon-Nahum Perrine, *La Cité investie*, Cerf, 1991.
[51] Vidal-Naquet Pierre, *Les Juifs, la mémoire et le présent*, II, La Découverte, « Essais », 1991.
[52] Wilson Stephen, « Le monument Henry : la structure de l'antisémitisme en France 1898-1899 », *Annales ESC*, mars-avril 1977.
[53] Wilson Stephen, *Ideology and Experience: Antisemitism in France at the Time of the Dreyfus Affair*, The Littman Library of Jewish Civilization, 1982.

L'État et l'affaire Dreyfus

[54] Baumont Maurice, *Aux sources de l'Affaire*, Les Productions de Paris, 1959.
[55] Becker Jean-Jacques, *Le Carnet B. Les pouvoirs publics et l'antimilitarisme avant la guerre de 1914*, Klincksieck, 1973.
[56] Bédarida François, « L'Armée et la République », *Revue historique*, juillet-septembre 1964.
[57] Deveze Michel, *Cayenne. Déportés et bagnards*, Julliard, « Archives », 1965.
[58] Doise Jean et Vaïsse Maurice, *Diplomatie et outil militaire 1871-1991*, Seuil, « Points-Histoire », 1992.
[59] Larkin Maurice, *Church and State after the Dreyfus Affair*, Londres, Mac Millan, 1974.
[60] Ralston David B., *The Army of the Republic*, Cambridge, Cambridge University Press, 1967.
[61] Royer Jean-Pierre, *La Société judiciaire depuis le xviiiᵉ siècle*, PUF, 1979.
[62] Serman William, *Les Officiers français dans la nation 1848-1914*, Aubier, « Historique », 1982.
[63] Vergès Jacques, *De la stratégie judiciaire*, Minuit, 1968. [Une réflexion stimulante sur le procès Zola, mais le livre comme l'auteur sont à manier avec prudence.]

Presse et opinion pendant l'Affaire

[64] Boussel Patrice, *L'Affaire Dreyfus et la presse*, Armand Colin, « Kiosque », 1960.
[65] Ponty Janine, « La presse quotidienne et l'affaire Dreyfus en 1898-1899 », *Revue d'histoire moderne et contemporaine*, avril-juin 1974.
[66] *Quand les Drômois « parlaient » de Dreyfus*, Valence, Archives départementales de la Drôme, 1990.

La vie politique et l'affaire Dreyfus

[67] Baal Gérard, « Combes et la "République des Comités" », *Revue d'histoire moderne et contemporaine*, avril-juin 1977.
[68] Baal Gérard, *Histoire du radicalisme*, La Découverte, « Repères », 1994.
[69] Mayeur Jean-Marie, *La Vie politique sous la troisième République 1870-1940*, Seuil, « Points-Histoire », 1984.
[70] Sirinelli Jean-François (dir.), *Histoire des droites en France*, 3 tomes, Gallimard, « Essais », 1992.
[71] Sorlin Pierre, *Waldeck-Rousseau*, Armand Colin, 1966.
[72] Touchard Jean, *La Gauche en France depuis 1900*, Seuil, « Points-Histoire », 1977.

Socialisme et anarchisme

[73] CANDAR Gilles et REBÉRIOUX Madeleine (dir.), *Jaurès et les intellectuels*, Éditions ouvrières, 1994.
[74] LEFRANC Georges, *Le Mouvement socialiste sous la IIIe République*, Payot, 1977.
[75] REBÉRIOUX Madeleine, *Jaurès et la classe ouvrière*.
[76] SHLOMO Sand, *L'Illusion du politique. Georges Sorel et le débat intellectuel 1900*, La Découverte, « Armillaire », 1985.
[77] WILLARD Claude et BOTTICIELLI Émile, *Le Parti ouvrier français, l'affaire Dreyfus et l'entente sociale : les guesdistes*, Éditions Sociales, 1981.

Dreyfusards et dreyfusisme

[78] BAAL Gérard, « Un salon dreyfusard, des lendemains de l'Affaire à la Grande Guerre : la marquise Arconati-Visconti », *Revue d'histoire moderne et contemporaine*, juillet-septembre 1981.
[79] BLANCQUART Marie-Claire, *Anatole France, un sceptique passionné*, Calmann-Lévy, 1984.
[80] DUROSELLE Jean-Baptiste, *Clemenceau*, Fayard, 1988.
[81] LE BEGUEC Gilles, « Zola repoussoir ? Les intellectuels libéraux et le refus du dreyfusisme », *Cahiers naturalistes*, 1980.
[82] LEROY Gérald, *Péguy*, Presses de la FNSP, 1981.
[83] MERCIER Lucien, *Les Universités populaires : 1899-1914*, Éditions Ouvrières, « Mouvement social », 1986.
[84] PAGES Alain, *Émile Zola, un intellectuel dans l'affaire Dreyfus*, Verdier, 1991.
[85] *Les Écrivains et l'affaire Dreyfus*, colloque d'Orléans, PUF, 1983.

Antidreyfusards et antidreyfusisme

[86] AGULHON Maurice et OULMONT Philippe, *Nation, patrie, patriotisme*, La Documentation française, 1993.
[87] BROCHE François, *Maurice Barrès*, Lattès, 1987.
[88] GIRARDET Raoul, *Le Nationalisme français, 1871-1914*, Seuil, « Points-Histoire », 1983.
[89] JOLY Bertrand, « Le parti royaliste et l'affaire Dreyfus », *Revue historique*.
[90] —, « Les antidreyfusards avant Dreyfus », *Revue d'histoire moderne et contemporaine*, avril-juin 1992.
[90 bis] NGUYEN Victor, *Aux origines de l'Action française*, Fayard, 1991.
[91] RIOUX Jean-Pierre, *Nationalisme et conservatisme : la Ligue de la Patrie française 1899-1914*, Beauchesne, 1977.
[92] STERNHELL Zeev, *La Droite révolutionnaire. Les origines françaises du fascisme 1885-1914*, Seuil, « Points-Histoire ».
[93] —, *Maurice Barrès et le nationalisme français*, Bruxelles, Complexe, « Historique, 1985.
[94] —, *Ni droite, ni gauche, l'idéologie fasciste en France*, Seuil, 1983.
[95] WEBER Eugen, *L'Action française*, Fayard, 1985.
[96] WINOCK Michel (dir.), *Histoire de l'extrême droite en France*, Seuil, « XXe siècle », 1993.
[97] —, *Édouard Drumont et Cie. Antisémitisme et fascisme en France*, Seuil, 1982.
[98] —, *Nationalisme, antisémitisme et fascisme en France*, Seuil, « Points-Histoire », 1990.

Les catholiques et l'affaire Dreyfus

[99] MAYEUR Jean-Marie, « Les catholiques dreyfusards », *Revue historique*, avril-juin 1979.
[100] PIERRARD Pierre, *Juifs et catholiques français (1886-1945)*, Fayard, 1970.
[101] SORLIN Pierre, *La Croix et les Juifs*, Grasset, 1967.

Protestants et protestantisme

[102] BAUBEROT Jean, *Le Retour des huguenots*, Cerf-Labord et Fides, 1985.
[103] —, *Le protestantisme doit-il mourir*, Seuil, 1988.
[104] ENCREVÉ André, *Les Protestants de 1800 à nos jours. Histoire d'une réintégration*, Stock, 1985.

Culture, pouvoirs, société et économie

[105] APRILE Sylvie, « La République au salon : vie et mort d'une forme de sociabilité politique, 1865-1885 », *Revue d'histoire moderne et contemporaine*, juillet-septembre 1991.
[106] BURGUIÈRE André et REVEL Jacques (dir.), *Histoire de la France*, 4 tomes, Seuil, 1991-1993.
[107] CHARLE Christophe, *Histoire de la France au XIXe siècle*, Seuil, « Points-Histoire », 1991.
[108] —, *Les Élites de la République 1880-1900*, Fayard, « L'espace du politique », 1987.
[109] NORA Pierre (dir.), *Les Lieux de mémoires*, 7 tomes, Gallimard, « Bibliothèque des histoires, 1984-1992.
[110] ORY Pascal, *Les Expositions universelles de Paris*, Ramsay, 1982.
[111] PERROT Michelle et FRAISSE Geneviève (dir.), *Histoire des femmes*, tome IV, Plon, 1991.
[112] PROCHASSON Christophe, *Les Années électriques 1880-1910*, Paris, La Découverte, 1991.
[113] RIOUX Jean-Pierre, *Frissons-fin de siècle 1889-1900*, Le Monde-Éditions, 1990.

[114] WEBER Eugen, *La Fin des terroirs. La modernisation de la France rurale, 1870-1914*, Fayard, 1983. — *Fin de siècle. La France à la fin du XIX⁰ siècle*, Fayard, 1986.

Autour des intellectuels dreyfusards

[115] ANDLER Charles, *Vie de Lucien Herr (1864-1926)*, réédition François Maspero, 1977.

[116] BENSAUDE-VINCENT Bernadette, *Langevin 1872-1946. Science et vigilance*, Belin, 1987.

[117] CHARLE Christophe, *Naissance des « intellectuels » 1880-1900*, Minuit, « Le sens du commun », 1990.

[118] CHASE Mirna, *Élie Halévy, an Intellectual Biography*, New York, Columbia University Press, 1980.

[119] JOLY Bertrand, « L'École des chartes et l'affaire Dreyfus », *Bibliothèque de l'École des chartes*, 1989.

[120] JULLIARD Jacques et WINOCK Michel (dir.), *Dictionnaire des intellectuels*, Seuil, « Univers historique », 1994.

[121] LAUNAY Michel, « Jaurès, la Sorbonne et l'affaire Dreyfus », *Bulletin de la Société d'études jaurésiennes*, n° 26, 1967.

[122] LINDENBERG Daniel, *Le Marxisme introuvable*, Calmann-Lévy, 1975.

[123] LINDENBERG Daniel et MEYER Pierre-André, *Lucien Herr. Le socialisme et son destin*, Calmann-Lévy, 1975.

[124] LUKES Stephen, *Emile Durkheim. His Life and Work*, Londres, Penguin Press/Allen Lane, 1973.

[125] PROCHASSON Christophe, *Les Intellectuels, le socialisme et la guerre 1900-1938*, Seuil, « Univers historique », 1993.

[126] REBÉRIOUX Madeleine, « Histoire, historiens et dreyfusisme », *Revue historique*, avril-juin 1979.

[127] —, « Zola, Jaurès et France : trois intellectuels devant l'Affaire », *Cahiers naturalistes*, 1980.

[128] SIRINELLI Jean-François, *Intellectuels et passions françaises*, Fayard, 1990.

[129] SIRINELLI Jean-François et ORY Pascal, *Les Intellectuels de l'affaire Dreyfus à nos jours*, Armand Colin, « U », 1993.

[130] SMITH Robert J., « L'atmosphère politique à l'École normale supérieure à la fin du XIX⁰ siècle », *Revue d'histoire moderne et contemporaine*, 1973.

[131] WILSON Nelly, *Bernard Lazare*, Albin Michel, 1985.

L'affaire Dreyfus, la République et les savoirs

[132] *Au berceau des « Annales »*, colloque de Toulouse, 1983.

[133] BLANCHOT Maurice, « Les intellectuels en question », *Le Débat*, novembre 1984.

[134] FABIANI Jean-Louis, *Les Philosophes de la République*, Minuit, « Le sens du commun », 1988.

[135] FAVRE Pierre, *Naissance de la science politique en France, 1870-1914*, Fayard, « L'espace du politique », 1989.

[136] LANGLOIS P.-V. et SEIGNOBOS Charles, *Introduction aux études historiques*, préface de Madeleine Rebérioux, Kimé, 1992.

[137] *L'Esprit républicain*, colloque d'Orléans, Klincksieck, 1972.

[138] NICOLET Claude, *L'Idée républicaine en France*, Gallimard, Bibliothèque des histoires, 1982.

[139] REVEL Jacques, « Histoire et sciences sociales ; le paradigme des annales », *Annales ESC*, 1979.

[140] *Revue de métaphysique et de morale*, numéro spécial du centenaire, janvier-juin 1993.

[141] *Revue française de sociologie*, avril-juin 1976 [sur les durkheimiens].

[142] STORA Benjamin, *Histoire de la guerre d'Algérie (1954-1962)*, La Découverte, « Repères », 1993.

[143] VIDAL-NAQUET Pierre, *Face à la raison d'État. Un historien dans la guerre d'Algérie*, La Découverte, « Essais », 1989.

Quelques publications du centenaire

BIRBAUM Pierre, *La France de l'affaire Dreyfus*, Gallimard, 1994.

« Comment sont-ils devenus dreyfusards ou antidreyfusards ? », *Mil neuf cent. Revue d'histoire intellectuelle*, 1994.

DROUIN Michel (dir.), *L'Affaire Dreyfus de A à Z*, Flammarion, 1994.

DUCLERT, Vincent, *Bibliographie générale de l'affaire Dreyfus*, Éditions de la Bibliothèque nationale, 1995.

L'Antisémitisme dans la presse au temps de l'affaire Dreyfus, CNDP, 1994.

L'Histoire, « L'affaire Dreyfus, vérités et mensonges », janvier 1994.

ZOLA Émile, *Correspondance IX 1897-1899. L'Affaire Dreyfus*, édition dirigée par B. Bakker avec O. Morgan et A. Pagès, CNRS et Presses de l'université de Montréal, 1994.

Des catalogues d'exposition

Une affaire toujours actuelle, Musée de Rennes, automne 1973.

The Dreyfus Affair. Art, Truth and Justice, The Jewish Museum, Berkeley, University of California Press, 1987.

L'Affaire Dreyfus et le tournant du siècle, BDIC-Musée d'histoire contemporaine, 1994.

Et pour finir sur la littérature : Marcel PROUST, *Jean Santeuil* et *A la recherche du temps perdu*.

Index chronologique

1878. Alfred Dreyfus est reçu à 21 ans à l'École polytechnique, p. 9.

1894. *20 juillet :* le commandant Esterhazy entre en contact avec l'attaché militaire allemand von Schwartzkoppen, 24.
25 septembre : arrivée du « bordereau » à la Section de statistique, 18.
11 octobre : le « petit conseil » décide de l'arrestation du capitaine Dreyfus, stagiaire à l'État-Major, 21.
19-22 décembre : procès Dreyfus devant le Conseil de guerre de Paris. Reconnu coupable de trahison, 12, 23.

1895. *5 janvier :* dégradation de Dreyfus à l'École militaire, 13.
17 janvier : déportation à l'île du Diable, 14.

1896. *Mars :* arrivée du « petit bleu » à la Section. Enquête du lieutenant-colonel Picquart sur Esterhazy, 28.
26 octobre : Picquart est écarté de la Section sur ordre de l'État-Major, 31.
2 novembre : le commandant Henry remet à l'État-Major les faux dont il est l'auteur, 31.
6 novembre : publication à Bruxelles d'*Une erreur judiciaire* de Bernard Lazare, 32.

1897. *13 juillet :* l'avocat Louis Leblois avertit Scheurer-Kestner des découvertes de Picquart sur l'innocence de Dreyfus.
10 novembre : faux télégrammes « Blanche » et « Speranza », 34.
15 novembre : Mathieu Dreyfus dénonce Esterhazy, 39.

1898. *10-11 janvier :* procès Esterhazy suivi de l'acquittement, 40.
13 janvier : « J'accuse » de Zola, dans *L'Aurore*, 44.
14-15 janvier : premières pétitions d'intellectuels, 42.
7-23 février : procès Zola. Condamnation au maximum, 45.
2 avril : la Cour de cassation annule le procès Zola, 47.
8 mai : élections législatives, 48.
4 juin : naissance de la Ligue des droits de l'homme, 49.
7 juillet : discours de Cavaignac, ministre de la Guerre, à la Chambre des députés, 49.
30-31 août : arrestation et suicide d'Henry, 51.
3 septembre : démission de Cavaignac, 51.

4 septembre : Esterhazy s'enfuit en Belgique puis en Angleterre, 54.
20 septembre : ordre d'informer contre Picquart, qui est arrêté, 51.
26 septembre : le gouvernement Brisson saisit la Cour de cassation du procès Dreyfus de 1894, 51.
31 décembre : fondation de la Ligue de la Patrie française, 99.

1899. *10 février :* loi de dessaisissement contre la chambre criminelle de la Cour de cassation, 54.
23 février : funérailles de Félix Faure, et tentative de coup d'État de Paul Déroulède, 55.
3 juin : arrêt de révision. Dreyfus est renvoyé devant le Conseil de guerre de Rennes, 57.
22 juin : gouvernement Waldeck-Rousseau de Défense républicaine, 58.
7 août-9 septembre : procès de Rennes. Dreyfus est reconnu coupable avec les circonstances atténuantes, 60.
19 septembre : grâce présidentielle. Dreyfus est libre, 63.

1900. *Avril :* inauguration de l'Exposition universelle, 65.
27 décembre : loi d'amnistie, 65.

1902. *Mai :* élections législatives. Victoire du Bloc des gauches, 70.
7 juin : ministère Combes, 70.
5 octobre : funérailles d'Émile Zola, 93.

1903. *6-7 avril :* discours de Jaurès à la Chambre des députés, 107.
25 décembre : le gouvernement saisit la Cour de cassation de l'arrêt du procès de Rennes, 109.

1905. *Juillet :* loi de séparation de l'Église et de l'État, 70.

1906. *Mai :* élections législatives, 111.
12 juillet : la Cour de cassation réhabilite le capitaine Dreyfus, 112.
13 juillet : lois réintégrant Dreyfus et Picquart dans l'armée, 112.
20 juillet : le commandant Dreyfus est fait chevalier de la Légion d'honneur, 113.

1908. *4 juin :* transfert des cendres d'Émile Zola au Panthéon. Dreyfus est blessé par Grégori qui sera acquitté par la cour d'assises de la Seine, 113.

Table

Dans la collection "Repères"

La nouvelle microéconomie, P. Cahuc.
L'ONU, M. Bertrand.
Le patrimoine des Français, A. Babeau.
La philosophie de Marx, É. Balibar.
La population française, J. Vallin.
La population mondiale, J. Vallin.
La presse en France, Y. Guillauma.
La protection sociale, N. Murard.
La publicité, A. Mattelart.
Les relations Nord-Sud, C. Comeliau.
Les revenus en France, Y. Chassard et
   P. Concialdi.
Le revenu minimum garanti, C. Euzéby.
Les sciences de l'éducation, É. Plaisance et
   G. Vergnaud.
La science économique en France, ouvrage
   collectif.
Sociologie de l'emploi, M. Maruani et
   E. Reynaud.
La sociologie en France, ouvrage collectif.
Les sondages d'opinion, H. Meynaud et
   D. Duclos.

Les stratégies des ressources humaines,
   B. Gazier.
Le syndicalisme en France depuis 1945,
   R. Mouriaux.
Le système monétaire international,
   M. Lelart.
Tableau de bord de la planète, Worldwatch
   Institute.
Les taux de change, D. Plihon.
La télévision, A. Le Diberder et N. Coste-
   Cerdan.
Les théories des crises économiques,
   B. Rosier.
Les théories économiques du développe-
   ment, E. Assidon.
La théorie de la décision, R. Kast.
Le tiers monde, H. Rouillé d'Orfeuil.
Les travailleurs sociaux, J. Ion et
   J.-P. Tricart.
Travail et travailleurs aux États-Unis,
   M. Debouzy.
L'urbanisme, J.-F. Tribillon.

« Guides Repères »

L'art de la thèse, Michel Beaud.
Voir, comprendre, analyser les images, Laurent Gervereau.
L'art du stage en entreprise, Michel Villette.

La collection « Repères » est animée par Jean-Paul Piriou
avec Bernard Colasse, Françoise Dreyfus, Hervé Hamon,
Dominique Merllié et Christophe Prochasson.

Composition Facompo, Lisieux (Calvados)
Achevé d'imprimer en février 1994
sur les presses de l'imprimerie Carlo Descamps,
Condé-sur-l'Escaut (Nord)
N° d'imprimeur : 8424
Dépôt légal : février 1994 — Premier tirage
ISBN 2-7071-2302-1